Lafargue Paul

Die Entwicklung des Eigentums

Lafargue Paul

Die Entwicklung des Eigentums

ISBN/EAN: 9783744681841

Hergestellt in Europa, USA, Kanada, Australien, Japan

Cover: Foto ©ninafisch / pixelio.de

Weitere Bücher finden Sie auf **www.hansebooks.com**

Die
Entwicklung des Eigenthums.

Von

Paul Lafargue.

Aus dem Französischen von E. Bernstein.

Neue durchgesehene Auflage.

———— ⬧•⬧•⬧ ————

Berlin 1893.
Verlag der Expedition des „Vorwärts" Berliner Volksblatt
(Th. Glocke).

Die Entwicklung des Eigenthums.

—✦—

„Das industriell entwickeltere Land zeigt dem min=
der entwickelten nur das Bild der eigenen Zukunft."
Karl Marx, Das Kapital,
Vorwort zur I. Auflage.

* *

„Eine kritische Untersuchung der Entwicklung des
Eigenthums würde nach verschiedenen Richtungen
hin den bemerkenswerthesten Theil der Geschichte des
menschlichen Geistes einschließen."
Lewes H. Morgan, Ancient Society.

I.

Die heutigen Eigenthumsformen.

Viele Sozialisten glauben, daß die offiziellen Vertreter der
politischen Oekonomie von den Kapitalisten zu dem Behufe in
sattem Wohlleben erhalten werden, wissenschaftliche Oekonomie zu
treiben. Welcher Irrthum! Die Bourgeoisie kauft die ledernen
und schwülstigen Werke dieser Herren nur, um in denselben die
Verherrlichung des kapitalistischen Systems zu finden. Die Herren,
welche die politische Oekonomie als Geschäft betreiben und den
Arbeitern ihre elenden Löhne mit um so größerer Salbung vor=
werfen, je fetter ihr eigenes Einkommen, haben sich der ihnen zu=
gewiesenen Aufgabe mit Freuden unterzogen. Sie haben die öko=
nomischen Thatsachen mit bedientenhafter Schamlosigkeit gefälscht.
Eine ihrer unverschämtesten Behauptungen ist die, daß die gegen=
wärtige Form des Eigenthums ewig sei wie die Gerechtigkeit, die
heute so oft von Bourgeoisgerichten nach falschem Gewicht verkauft
wird. Um die Unsterblichkeit derselben für die Zukunft sicher zu
stellen, haben sie ihren ganzen Scharfsinn aufgeboten, den Beweis
zu erbringen, daß gleich dem Gott, vor dem Bismarck sich fürchtet,
das Kapital von aller Ewigkeit her besteht, und daß es daher, da
es keinen Anfang hat, auch kein Ende haben kann.

Alle bürgerlichen Oekonomen, selbst diejenigen, welche sich den
dicksten wissenschaftlichen Anstrich geben, haben es als ökonomisches
Dogma hingestellt, daß der Wilde, der zwei Bogen besaß und einen
davon auslieh, ein Kapitalist war, der seinen Bruder in Wildheit

1*

ausbeutete. Dieser schöne Beweis von der Existenz des Kapitals im Urzustande, der sich durch die dicken und unverdaulichen Bände über politische Oekonomie hindurchzieht, hat gewöhnlich zum Begleiter den zweiten, nicht minder stichhaltigen, vom Fischer, der sein Netz ausleiht und den Ertrag des Fischfanges theilt. Ja, die Oekonomen, welche ebenso großen Eifer auf das Aufsuchen des Kapitals in der Urzeit aufwenden, wie die Schweine auf das nach Trüffeln, haben sogar entdeckt, daß das Eigenthum auch außerhalb des menschlichen Geschlechts besteht, daß man es auch bei Wirbellosen findet, und haben die Ameise zum Kapitalisten erniedrigt, weil sie in weiser Voraussicht Nahrungsmittel für die schlechte Jahreszeit aufhäuft. Es ist pures Mitleid, daß sie auf so gutem Wege innegehalten und nicht herausgefunden haben, daß die Ameise nur aufspeichert, um zu verkaufen und vermittelst der Zirkulation des Kapitals Profite zu erzielen.

Aber die Oekonomen haben in ihrer Theorie vom ewigen Kapital eine Lücke gelassen: sie haben es verabsäumt, nachzuweisen, daß das Wort **Kapital** ebenfalls von aller Ewigkeit her besteht. Auf den Schiffen giebt es keinen Strick mit Ausnahme des zur Glocke gehörenden, der nicht einen besonderen Namen erhalten hätte; man kann daher unmöglich zugeben, daß der Mensch nicht den gleichen Sprachreichthum in der ökonomischen Welt an den Tag gelegt, vielmehr die Nachlässigkeit soweit getrieben haben sollte, einer so nützlichen und so wichtigen Sache wie dem Kapital keinen Namen zu geben; und doch ist es sicher, daß daß Wort Kapital neueren Ursprungs ist. In Frankreich datirt das Wort **Kapital** in dem speziellen Sinne, den es heute hat, ebenso wie das Wort **Philanthropie**, welches die dem kapitalistischen Sinne eigene Menschlichkeitsheuchelei bezeichnet, erst aus dem 18. Jahrhundert, und dieses Jahrhundert ist es, in welchem die Kapitalform des Eigenthums sich zu behaupten und in der Gesellschaft vorherrschend zu werden beginnt. Dieses gesellschaftliche Ueberwiegen der Kapitalform führte die französische Revolution herbei, die, obwohl eines der wichtigsten Ereignisse der modernen Geschichte, doch in letzter Linie lediglich eine bürgerliche Revolution ist, in der die Freiheits-, Brüderlichkeits-, Gleichheits-, Gerechtigkeits- und Vaterlandsreklamen eine ähnliche Rolle spielten, wie die Geschäftsreklamen, welche die Bourgeoisie aufzutischen pflegt, um ihre politischen und finanziellen Spekulationsfeldzüge ins Werk zu setzen.

Zur Zeit der Revolution war der Kapitalist ein so junges Ergebniß der gesellschaftlichen Züchtung, daß Sebastian Mercier es für am Platze hielt, in sein im Jahre 1802 erschienenes „Dictionnaire des mots nouveaux" das Wort „Kapitalist" aufzunehmen, und ihm folgende, dem „Dictionnaire anecdotique" entnommene interessante Definition beigab: „Kapitalist", dieses Wort ist nur in Paris bekannt. Es bezeichnet ein reiches Ungeheuer, einen Menschen mit einem Herzen von Erz, der nur metallene Gefühle hat. Spricht man von der Territorial (Grund=) Steuer, so macht er sich darüber lustig, denn er besitzt nicht einen Fußbreit Landes; wie soll man ihn abschätzen! Wie die Araber der Wüste, wenn sie eine Karawane ausgeraubt haben, ihr Geld schleunigst vergraben in der Furcht, andere Briganten könnten hinzukommen, so haben die Kapitalisten unser Geld eingescharrt."

1802 hatte man noch nicht die tiefe Achtung vor dem Kapitalisten, die man heute für ihn empfindet.

Obwohl das Wort Kapital dem Lateinischen entnommen ist, giebt es weder im Lateinischen noch im Griechischen ein Wort mit gleicher Bedeutung. Das Fehlen dieses Wortes in zwei so reichen Sprachen, ist ein Beweis, daß die Kapitalform des Eigenthums im Alterthum nicht existirte, wenigstens nicht als eine soziale Erscheinung.

Die Form des Eigenthums, die dem Wort Kapital entspricht, hat sich erst entwickelt und eine soziale Bedeutung erlangt als Folge der Verallgemeinerung der Waarenproduktion, die ihrerseits die Krönung war der ökonomischen und politischen Bewegung, die Europa vom 17. Jahrhundert an beherrschte und die beschleunigt wurde durch die Entdeckung Amerikas und des Seewegs nach Indien um das Kap der guten Hoffnung, durch den Import von Edelmetallen aus Amerika, durch die Eroberung von Konstantinopel, durch die Ausbreitung der Buchdruckerkunst, durch die Ehebündnisse unter den Herrschern Europas, durch die Organisation der größten Feudalstaaten und die dadurch bedingte relative Sicherung des allgemeinen Friedens.

Alle diese Ursachen und noch andere beschleunigten die Entwicklung des Kapitals, der vollkommensten und man kann sagen letzten Form des individuellen Eigenthums. Das verhältnißmäßig späte Auftreten der Kapitalform ist der beste Beweis, den man anführen kann, um festzustellen, daß das Eigenthum nicht unveränderlich, stets sich selbst gleich geblieben ist, sondern sich, wie alle Erscheinungen materieller und intellektueller Natur in beständiger Entwicklungsbewegung befindet und eine Reihe verschiedener, aber von einander sich ableitenden Formen durchmacht.

Das Eigenthum ist übrigens so wenig ein und dasselbe, daß es auch in der gegenwärtigen Gesellschaft verschiedene Formen aufweist, die auf zwei Hauptformen zurückgeführt werden können:

1. **Die Form des Gemeineigenthums**, die wiederum in zwei Hauptgruppen eingetheilt werden kann:

a) **Aus dem Alterthum stammendes Gemeineigenthum.** Typisch für dasselbe sind: die Gemeindegüter, die seit Jahrhunderte das Objekt gieriger Angriffe seitens des Adels und der Bourgeoisie sind;

b) **Gemeineigenthum neueren Charakters.** Dasselbe wird vom Staat verwaltet unter dem Titel von öffentlichen Diensten. (Münzen, Posten, Telegraphen ꝛc.)

2. Die Form des Privateigenthums, die drei Hauptgruppen umfaßt:

a) Eigenthum des persönlichen Gebrauchs; dasselbe beginnt mit den Nahrungsmitteln, die den Zweck haben, die verausgabte Kraft zu ersetzen und dehnt sich aus auf Kleidung und Luxusgegenstände (Ringe, Juwelen ꝛc.), mit denen man sich bedeckt und schmückt. Früher gehörte auch die Wohnung zu dieser Art persönlichen Eigenthums. Der Mensch besaß sein Haus, wie die Schildkröte ihre Schale, ob es nun ein marmorner Palast oder eine Holz- und Strohhütte war. Wenn die kapitalistische Zivilisation vermittelst der Anwendung der Maschinen in der Industrie eine Menge von Luxusgegenständen, welche sich früher nur die Reichen verschaffen konnten, schon den kleinen Börsen zugänglich macht, so hat sie dafür die große Majorität des Volkes des eigenen Heims beraubt und sie gezwungen, in Miethswohnungen oder gar möblirten Zimmern zu leben, und inmitten eines bisher beispiellosen Reichthums den Produzenten auf das Minimum des Eigenthums persönlichen Gebrauchs reduzirt. Die kapitalistische Zivilisation verdammt den Proletarier, unter niedrigeren Lebensbedingungen zu vegetiren als der Wilde. Von dem wichtigen Umstande abgesehen, daß der Wilde nicht für einen Dritten arbeitet, ist es, wenn man lediglich die Ernährung ins Auge faßt, unleugbar, daß die Barbaren, die Europa früher bewohnten, bezw. die es eroberten, im Besitz von Heerden von Schweinen und anderem Vieh, und in der Lage, in wildreichen Wäldern zu jagen und in fischreichen Flüssen zu fischen, wenn sie auch in ihren Thierfellen und grobgewobenen Mänteln nur mangelhaft bekleidet waren, so doch weit mehr Fleischnahrung zu sich nahmen als die modernen Proletarier, die ihre aus Baumwolle und gefälschter Wolle hergestellten und von vervollkommneten Maschinen oberflächlich gewebten Kleider nur ungenügend gegen die Unbilden des Wetters schützen. Die Lage des Proletariers ist eine um so niedrigere, als sein Organismus weder so stark noch so gegen die Härten der Witterung abgehärtet ist, wie der Körper des Barbaren. Folgende Thatsache giebt eine Idee von der kernfesten Konstitution des nichtzivilisirten Menschen:

Man hat in den vorhistorischen Gräbern Europas Schädel gefunden mit Löchern durchbohrt, als ob sie trepanirt wären. Die Anthropologen glaubten anfänglich, daß diese Schädel Amulette oder Schmuckgegenstände gewesen und daß diese Löcher nach dem Tode hineingebohrt worden seien; aber Broca hat nachgewiesen, daß die Operation nicht an Kadavern vorgenommen sein konnte, denn er zeigte mehrere Schädel, an denen die Einwirkung einer Vernarbung zu erfehen war, bie nur möglich war, wenn ber Trepanirte bie Operation überlebte. Man warf ein, es fei unmöglich, baß un= wiffenbe Wilbe mit ihren rohen Werkzeugen von Siefel unb Bronze eine fo fubtile Operation ausführen konnten, welche bie Aerzte troß aller Kenntniffe unb vervollkommneten Inftrumente ber mobernen Chirurgie für fo gefährlich halten. Aber heut ift jeber Zweifel baran unmöglich, ba man pofitiv weiß, baß folche Operationen von ben Wilben ohne bie geringfte Gefahr vollzogen wurben. Bei ben heutigen Barbaren werben fie in freier Luft vorgenommen, unb nach Verlauf einiger Tage befinbet fich ber Trepanirte zum großen Erftaunen ber Europäer, bie als Augenzeugen zugegen finb, wieber wohl auf unb geht feinen Befchäftigungen nach, als ob ihm Nie= manb ein Stück aus feinem Schäbel herausgefchabt hätte; benn bie Operation wirb burch Schaben vollzogen. Die Kopfwunben, welche bei Zivilifirten fo fchwere Komplikationen nach fich ziehen, ver= narben bei ben Urvölkern mit einer erftaunlichen Leichtigkeit unb Schnelligkeit. Troß ber maß= unb finnlofen Begeifterung ber Bourgeois für bie Zivilifation, in ber bie Preßreptile unb Finanz= gauner blühen, läßt fich bie körperliche unb, von gewiffen Aus= nahmen abgefehen, wahrfcheinlich auch geiftige Inferiorität bes Zivilifirten nicht beftreiten: es wirb einer fehr weifen, von ber Wiege an begonnenen, währenb bes ganzen Lebens fortgefeßten unb mehrere Generationen hinburch befolgten Erziehung bebürfen, um bem Mitglieb ber kommuniftifchen Gefellfchaft ber Zukunft bie Kraft unb Vollkommenheit ber Sinne ber Barbaren unb Wilben wieberzugeben.[1]

---

[1] Zäfar, bem bie urtheilslofen Bewunberer ber heutigen Gefell= fchaft ein gewiffes Beobachtungstalent zuerkennen müffen, konnte bie Kraft unb bie körperliche Gewanbtheit ber barbarifchen Ger= manen, bie er zu bekämpfen gezwungen war, nicht genug bewun= bern. Er fchätzte fie fo hoch, baß er, um ben heroifchen Wiberftanb ber von Vercingetorix geführten Gallier zu befiegen, von jenfeits bes Rheins Reiter unb leichtbewaffnetes Fußvolk, bas in beren Reihen kämpfte, holte, unb ba fie fchlechte Pferbe hatten, bie Tri= bunen, bie Offiziere unb felbft Reiter unb Veteranen abfitzen ließ, um ihnen beren Pferbe zu geben. (De Bello Gallico, VII. 65.)

Morgan ift einer ber feltenften Anthropologen, bie für ben Wilben unb Barbaren nicht bie ftumpffinnige Verachtung bes Philifters haben, unb fo hat er benn zuerft bie zahlreichen, oft fich wiberfprechenben über fie gefammelten Thatfachen in eine logifche Orbnung eintheilen unb bie erften Umriffe ber Entwicklung bes vorgefchichtlichen Menfchen entwerfen können; er macht folgenbe Bemerkung: „Es barf als mit fpäteren Erforfchungen fchwerlich unvereinbar hingeftellt werben, baß ber Fortfchritt ber Menfchheit in ber Periobe ber Wilbheit im Verhältniß zum gefammten Fort= fchritte ber Menfchheit größer war, als in ben brei Unterftufen ber

Der zivilisirte Produzent ist nur deshalb auf das Minimum an Eigenthum des persönlichen Gebrauchs für die Befriedigung seiner dringendsten Bedürfnisse reduzirt, damit der nichtproduzierende Kapitalist genug und mehr Gegenstände besitzt, als seine ausschweifendsten Bedürfnisse erfordern. Die Kapitalisten brauchten fünfzig Köpfe und hundert Füße wie die Hecatonchiren der griechischen Mythologie, um die Hüte und Stiefel zu tragen, die in ihren Kleiderräumen aufgehäuft lagern. Sie verzweifeln schier darob, daß sie ihre Verdauungsfähigkeit nicht in dem Maße vergrößern können, als die Zahl der ihnen zur Verfügung stehenden Verzehrungsgegenstände wächst; sie gleichen jenen Orientalen mit zerrüttetem Hirn, die ihren Harem zu zahlreich versehen und daher die Kraft von einem Dutzend Herkulessen nöthig hätten, um ihm vollständig gerecht zu werden.

Wenn die Proletarier unter dem Mangel an Eigenthum persönlichen Gebrauchs zu leiden haben, so werden die Kapitalisten zu Märtyrern ihres Eigenthums; die Langeweile, die an ihnen nagt, und die Krankheiten, von denen sie geplagt werden und die ihre Rasse zu Grunde richten, sind die Folgen des Ueberflusses, in dem sie leben. Sie sind es, denen die Moralisten der politischen Oekonomie das Evangelium der Entsagung zu predigen hätten. Man wird ihnen einen großen Dienst leisten, wenn man ihnen ihren Reichthum nimmt, um die in Lumpen gehüllten Armen zu kleiden und zu nähren, wie dies vielleicht noch vor Ende dieses Jahrhunderts geschehen wird. Da die Reichen und ihre religiösen und literarischen Hausknechte der Menschheit mit der Moral den Kopf vernagelt haben, so werden die Revolutionäre, die sie expropriiren, nicht ermangeln, ihnen zu versichern, daß wenn sie ihnen gegenüber brutale Mittel anwenden, es nur in der Absicht geschieht, sie moralisch zu heben.

b) Eigenthum als individuelles Arbeitsmittel. Nach Franklin ist der Mensch ein Werkzeuge anfertigendes Thier: „toolmaking animal"; in der That unterscheidet das Werkzeug den Menschen von seinen Vorfahren. Die Affen bedienen sich der

---

Barbarei, und daß der in der Periode der Barbarei gemachte Fortschritt in gleicher Weise größer war, als der in der gesammten Periode der Zivilisation gemachte." (Ancient-Society, Ch. III. Ratio of human progress.)

Der Wilde und der Barbar spielen, in die Zivilisation verpflanzt, eine traurige Gestalt. Sie verlieren ihre Vorzüge und nehmen mit erschreckender Geschwindigkeit die Fehler der zivilisirten Völker und ihre Krankheiten an; aber die Geschichte der Egypter und Griechen zeigt uns, zu welch' wunderbar geistiger Entwicklung ein barbarisches Volk unter günstigen Bedingungen und bei freier Entfaltung gelangen kann.

stöcke und Steine, der Mensch ist das einzige Thier, welches es verstanden hat, den Kiesel zu bearbeiten, um sich aus ihm eine Waffe und ein Werkzeug zu verfertigen. So ist die Entdeckung eines bearbeiteten Steins in einer Höhle oder geologischen Schicht ein ebenso sicherer Beweis des Vorkommens von Menschen, wie die menschlicher Knochen.

Das Arbeitswerkzeug, das aus dem Kiesel verfertigte Messer eines Wilden sowohl, wie der Hobel des Tischlers, wie das Messer des Chirurgen, das Mikroskop des Naturforschers und der Acker des Kleinbauern, ist ein dem menschlichen Organismus zu dem Zweck hinzugefügtes neues Organ, ihm die Befriedigung seiner Bedürfnisse zu erleichtern.

Solange die auf der Handarbeit beruhende Kleininbustrie herrscht, besitzt der freie Produzent sein Arbeitswerkzeug — im Mittelalter ging der Geselle mit seinem Pack Arbeitszeit auf die Wanderschaft, der ihm ebensowenig fehlen durfte, wie seine Kleider. Selbst vor der Ausbildung des Privateigenthums besaß der Bauer zeitweise das Stück Ackerland, das ihm bei der Austheilung zufiel, zu eigen, ja sogar in der Feudalzeit war der Hörige so eng mit dem Boden, den er bearbeitete, verbunden, daß man ihn nie von demselben trennte.

Auch heute noch bestehen viele Ueberbleibsel dieses Privateigenthums an Arbeitsmitteln, aber sie verschwinden immer mehr und mehr. In allen Gewerbszweigen, die die moderne Technik erfaßt hat, ist das Arbeitswerkzeug den Händen des Arbeiters entrissen und durch die, Kollektivarbeit erfordernde Arbeitsmaschine ersetzt, die nicht mehr Eigenthum des Produzenten ist. Die kapitalistische Zivilisation beraubt den Menschen seines ergänzenden Werkzeug-Organs, und diese Beraubung begann geschichtlich mit der Enteignung des ersten vervollkommneten Werkzeugs, das der Mensch sich angefertigt, nämlich mit der Fortnahme der Waffen. Der Wilde hat Bogen und Pfeil, die zu gleicher Zeit seine Waffen und sein vollkommenstes Werkzeug sind, zu eigen, der Soldat ist der Proletarier, der seines Werkzeugs, d. h. der Waffen enteignet ist, die vielmehr dem Staat gehören, der ihn in sein Heer gesteckt. Die kapitalistische Zivilisation hat das individuelle Eigenthum des Proletariers auf das äußerste Minimum beschränkt. Man konnte nicht weiter gehen, ohne den Produzenten, die Henne mit den goldenen Eiern für den Kapitalisten, dem Tod zu überliefern. Ihre Tendenz ist, denselben vollständig seines Eigenthums an Arbeitsmitteln zu entäußern, und für die Masse der Proletarier ist diese Entäußerung bereits vollendete Thatsache.

c) Kapital-Eigenthum. Das Kapital ist die eigentliche charakteristische Form des Eigenthums der heutigen Gesellschaft.

Es hat in keiner anderen Gesellschaft bestanden, wenigstens nicht als allgemeine und maßgebende Erscheinung.

Wesentliche Bedingung dieser Eigenthumsform ist die Ausbeutung des freien Produzenten, der fortgesetzt eines Theils des Werthe beraubt wird, die er erzeugt, wie Marx unwiderleglich bewiesen hat. Das Kapital beruht auf der Waarenproduktion d. h. einer Produktionsform, in der nicht in Hinblick auf die Bedürfnisse des Arbeiters oder seines Feudalherrn, bezw. seines sklavenhaltenden Herrn, sondern für den Markt produzirt wird. Auch in andern Gesellschaften ward gekauft und verkauft, aber es war nur der Ueberfluß, der zum Austausch bestimmt wurde; man beutete den hörigen oder in der Sklaverei befindlichen Arbeiter aus aber der Besitzer war wenigstens an gewisse Pflichten ihm gegenüber gehalten. So mußte der Sklavenhalter sein menschliches Arbeitsthier ernähren, selbst während dasselbe feierte, der Kapitalist aber ist dieser Last enthoben, sie ist dem „freien Arbeiter" zugeschoben. Was der Kapitalist durch die Befreiung des Sklaven oder des Hörigen zu erreichen suchte, war keineswegs die Freiheit des Produzenten, obwohl er sich lärmend als Kämpfer für die Freiheit aufspielte, sondern die Freiheit des Kapitals, das keine einzige Verpflichtung gegen den Arbeiter beibehalten sollte. Erst mit der Ausgestaltung der Kapitalsform des Eigenthums kann der Eigenthümer das Recht, „zu brauchen und zu mißbrauchen" in seinem vollen Umfange durchführen.

* *

Dies die Formen des Eigenthums in der heutigen Gesellschaft. Eine nur oberflächliche Betrachtung zeigt, daß sie sich im Zustand beständiger Umgestaltung befinden. Zum Beispiel, während das alte Gemeineigenthum überall von dem eindringenden Privateigenthum verdrängt wird, verwandelt sich das kapitalistische Privateigenthum in Gemeineigenthum unter der Verwaltung des Staates, und bevor es diese letzte Form erreicht, enteignet das Kapital den Produzenten seines individuellen Arbeitswerkzeugs und schafft es das kollektive Arbeitsmittel.

Man muß ein durch und durch vernagelter Oekonom sein, um festzustellen zu können, daß die Eigenthumsformen heute sich auf dem Wege der Entwicklung befinden, und nicht zuzugeben, daß in früheren Zeiten das Eigenthum stets nicht sich gleich geblieben ist, sondern eine Reihe verschiedener Formen durchgemacht hat, bevor es seine heutigen Formen erreichte, die ihrerseits sich auflösen und durch neue Formen ersetzt werden müssen.

II

Der Urkommunismus.

Die Herren Oekonomen verseßen nur deshalb das Kapital so wohlwollend bis in die ersten Zeiten des Menschengeschlechts zurück, weil sie sich in einer bequemen himmlischen Unkenntniß der Sitten der Urvölker befinden.

Es giebt heute noch Wilde, die das Privateigenthum an Grund und Boden nicht kennen und kaum zum Privateigenthum an Gegenständen individuellen Gebrauchs angelangt sind. — Gewisse Australier besißen nur die an ihre Personen geknüpften Gegenstände als Einzeleigenthum, wie Waffen, durch die Nase, die Ohren oder die Lippen gezogene Schmuckgegenstände, Thierfelle zur Bekleidung, Menschenfett gegen Rheumatismus, Stücke Krystall, die für Exkremente der Gottheit gelten, und andere als Reliquien betrachtete Steine, alles zusammen pietätvoll in einen Korb aus Baumrinde gepackt — ein wahrer Zauberbeutel — der unausgeseßt von seinem Besißer getragen wird.

Der Wilde bringt es deshalb nicht zur Form des Privat-Eigenthums, weil er sich seiner Persönlichkeit als von der Familie, in der er lebt, getrenntes Wesen noch nicht bewußt ist. Der Wilde ist von so viel wirklichen Gefahren umgeben und wird von so viel grauenerregenden Einbildungen geplagt, daß er im Einzelzustande nicht existiren kann. Er kann ihn sich nicht einmal vorstellen — einen Wilden aus seinem Clan, seiner Horde ausstoßen, heißt ihn zur Todesstrafe verurtheilen. Bei den vorgeschichtlichen Griechen, wie bei allen barbarischen Völkern, wurde der an einem Mitglied des Stammes begangene Mord, gleich ob freiwillig oder nicht, mit dem Exil bestraft. Orestes mußte sich nach der Ermordung seiner Mutter Verbannung auferlegen, um der öffentlichen Entrüstung Genüge zu thun. In sehr vorgeschrittenen Zivilisationen, wie die des geschichtlichen Griechenlands und Italiens, wurde die Verbannung als die schrecklichste aller zu verhängenden Strafen betrachtet. „Der Verbannte", singt der griechische Dichter Theognis(?) „hat keine Freunde noch treue Genossen, das ist das Härteste an dem Exil." Allein dastehen, von seinen Genossen getrennt zu leben, ist für den, an das Leben in der Horde gewöhnten Menschen der Urzeit furchtbar.

Obwohl individuell durchaus vollständige Wesen, da sie fähig sind, sich allein zu versorgen, sind die Wilden so sehr eins mit ihren Horden, ihren Clans, daß sich ihre Individualität weder in der Familie, noch im Eigenthum vergegenständlicht.[1]) Der Clan ist Alles, man kannte nichts außer ihm. Der Clan war die Familie, der Clan ist es, der sich verheirathete, der Clan ist es wiederum, der der Eigenthümer ist. Innerhalb des Clans gehört Alles Allen. Der afrikanische Buschmann, der ein Geschenk erhalten hat, vertheilt es an alle Mitglieder seiner Horde; wenn es ihm gelungen, ein Stück Vieh oder einen anderen Gegenstand zu stehlen, theilt er seine Beute mit seinen Genossen, indem er oft blos den kleinsten Theil für sich behält. In Zeiten des Mangels laufen die jungen Feuerländer die Flußläufe entlang, und wenn sie einen verendeten Walfisch, ihr größter Schmaus, entdecken, so kehren sie um und benachrichtigen die übrigen Mitglieder des Stammes, worauf diese hinzueilen und der Aelteste den Kadaver des Thieres vertheilt. Bei vielen anderen Wilden, wo freilich bereits die persönliche Aneignung verfertigter Gegenstände besteht, werden die Erträgnisse der Jagd nach den peinlichsten Regeln zwischen den Eltern der Jäger und denen ihrer Frau, je nach dem Grade der Verwandtschaft vertheilt. Oft gehen die verfertigten Gegenstände nur dann ins Eigenthum über, wenn sie dem persönlichen Gebrauch dienen; so kann ein Eskimo nicht mehr als zwei Kanoes zu eigen haben, das dritte steht seinem Clan zur Verfügung. Wessen sich der Eigenthümer nicht bedient, das wird als ohne Eigenthümer betrachtet. Dieselben kommunistischen Gebräuche hatten sich bei den Spartanern erhalten, das Privateigenthum an Gegenständen individuellen Gebrauchs war bei ihnen sehr unbestimmt und sehr wenig respektirt. Plutarch erzählt, daß Lykurg, eine sagenhafte Persönlichkeit, der die Spartaner alle Einrichtungen ihres Gemeinwesens zuschrieben, ihnen verboten habe, die Thüren der Häuser zu schließen, auf daß jeder eintreten und die Nahrungsmittel und Hausgeräthe, deren er nöthig habe, nehmen könne, auch wenn der Besitzer abwesend sei. Der Spartaner durfte, ohne Jemand

---

[1]) In den wilden Horden existirt die Einzelfamilie gar nicht, auch nicht die von der Mutter abgeleitete; die Kinder gehören der ganzen Horde, und nennen unterschiedslos ihre eigene Mutter, die Schwestern ihrer Mutter und die Frauen, die mit ihren Müttern gleichen Alters sind, Mutter. Als später der, ursprünglich auf regelloser Vermischung beruhende Geschlechtsverkehr enger gezogen wurde, bestand, ehe die zeitliche Einzelehe auftrat, die kommunistische Ehe des Clans: alle Frauen eines Clans waren die Gattinnen eines anderen Clans, und ebenso alle Männer des betreffenden Clans ihre Ehemänner; wenn sie sich trafen, brauchten sie sich nur zu erkennen, um in aller Gesetzmäßigkeit ihre ehelichen Pflichten auszuüben. Diese merkwürdige Form eines kommunistischen Eheverhältnisses ist von Fison und Gowitt in Australien beobachtet worden. Spuren derselben finden sich in der Mythologie der Griechen.

um Erlaubniß zu fragen, sich des ersten besten Pferdes, der Jagd=
hunde und selbst der Sklaven irgend welchen andern Spartaners
bedienen.

Hören die Wilden auf, als nach Nahrung umherziehende Hor=
den zu leben, lassen sie sich nieder und bauen sie sich Wohnungen,
so ist das Haus nicht Privatsache, sondern gemeinsam, und es
bleibt noch gemeinsam, selbst wenn die Familie bereits begonnen
hat, sich in der Form der von der Mutter Abgeleiteten zu indi=
vidualisiren. Solche gemeinsame Häuser fand Lapeyrouse auf den
Südsee=Inseln, sie sind 300 Fuß lang, haben die Form einer um=
gekehrten Piroge (Kahn aus einem ausgehöhlten Baumstamm) und
beherbergen einen ganzen Clan von über 100 Personen. Die „langen
Häuser" der Irokesen, die Morgan in seinem bewundernswürdigen
Buche so eingehend geschildert hat, waren über 100 Fuß lang, bei
einer Breite von 30 und eine Höhe von 20 Fuß. Mitten durch sie
hindurch zog sich der Länge nach ein Gang, der in zwei Ausgängen
auslief; nach diesem Gange zu öffneten sich, wie die Zellen eines
Bienenstockes, eine Reihe kleiner Räume von je sieben Fuß Breite,
in denen die verheiratheten Frauen des Clans wohnten. Jedes
Haus beherbergt den Totem des Clans, das heißt, das Thier, das
als sein Vorfahr betrachtet wurde. Die „Casas grandes" (großen
Häuser) der Rothhäute Mexikos boten den Anblick eines kolossalen
Fußtritts, zusammengesetzt aus übereinander gebauten und je um
etwas zurücktretenden Stockwerken, die selbst wiederum in Ge=
mächer für die Verheiratheten abgetheilt waren. Ebenso sind die
auf den Pfahlbauten errichteten Hüttenkomplexe kommunistische
Wohnungen für einen ganzen Clan, auch die vorgeschichtlichen
Griechen und die vorgeschichtlichen Skandinavier haben wahrscheinlich
in derartigen kommunistischen Wohnungen gelebt. Der von Schlie=
mann in Argolis freigelegte Palast scheint dies gleichfalls zu bestätigen.

Alles ist in diesen kommunistischen Wohnungen gemeinsam.
Bei den Irokesen waren die Lebensmittel, die unter der Aufsicht
einer der älteren Frauen standen und zum Theil von den Ehe=
männern der Frauen des Clans geliefert wurden, gemeinsam, und
da, wo der Ackerbau eingedrungen ist, geschieht die Bearbeitung
des Bodens und die Ernte gemeisam, und wird der Ernteertrag
unter Alle vertheilt. Wenn man auf Neu=Seeland, bevor die
Europäer dort sich niederließen, einen Eingeborenen fragte, wem
beispielsweise ein Schwein, das gerade vorbeilief gehöre, so lautete
die Antwort: „Dir und mir", um das kommunistische Recht Aller
auf Alles anzudeuten. Der Jesuit Lafiteau, der die edlen Tugen=
den der Wilden, ihre Gastfreundschaft, ihre Sanftmuth, ihr Gleich=
heitsgefühl bewunderte, sagt: „Das kommt daher, daß das „Mein"
und „Dein" ihnen absolut unbekannt ist, und daß sie glauben, alles
unter den Menschen müsse gemeinsam sein.

So lange die Horden von 30 und 40 Mitgliedern im Zustande
des Umherziehens leben, streifen sie das Land auf und ab und
halten dort an, wo sie gerade Nahrung finden. Wahrscheinlich geschah es auf ihren Zügen die Flüsse und das Ufer des Meeres
entlang, das ihnen reichliche und leicht zu erlangende Nahrung
bot, daß die Wilden die Erdtheile bevölkern. Der naturwüchsige
Mensch, der den Landbau nicht kennt und nur von der Jagd, dem
Fischfang und dem Sammeln der Früchte lebt, wozu später noch
die Milch und das Fleisch seiner Heerden hinzukommt, muß weite
Gebiete zu seiner Verfügung haben, andernfalls er für sich und
sein Vieh nicht genug Nahrung finden würde. Man hat behauptet,
ich weiß nicht, wie genau es zutrifft, daß der Wilde, um sich genügend zu versorgen, einer Quadratmeile Landes bedurfte; sobald
sich eine Gegend zu bevölkern beginnt, muß das Land unter die
Stämme vertheilt werden.

Die erste Landvertheilung vollzieht sich unter der Form von
Jagd- und Weidegebieten, die dem ganzen Stamm gehören; die
Idee des Privatbesitzes am Boden hat sich erst sehr langsam in den
Köpfen der Menschheit herausgebildet. „Die Erde ist wie das
Wasser und das Feuer, das kann man nicht aneignen, noch kaufen
oder verkaufen", sagten die Irokesen. Die Maori's begriffen so
wenig, daß man den Boden verkaufen könne, daß sie, selbst nachdem
der ganze Stamm dem Verkauf seines Landgebietes an die englische
Regierung zugestimmt hatte, bei jedem neuen Geburtsfall einen
Zuschlag zu der vorher ausgezahlten Tributszahlung verlangten.
Sie hätten, erklärten sie, nur ihre eigenen Rechte verkauft, aber sie
hätten nicht die Rechte derjenigen verkaufen können, die noch nicht
geboren waren. Bei den Juden und den semitischen Völkern ward
der Grund und Boden nicht als Privateigenthum betrachtet: „Der
Acker soll nicht verkauft werden, befiehlt der Ewige, denn der Acker
gehört mir, und Fremde und Ausländer seid Ihr bei mir" (Le-
viticus XXV. 23). Die Christen machen sich über dieses Gesetz
ihres Gottes lustig. Sie verehren Jehovah und seine Gesetze überaus hoch, aber höher noch verehren sie den Gott Kapital.

Verfolgen wir die langsame Entwicklung, welche die Menschheit
zurückgelegt, bevor sie beim Privatbesitz an Grund und Boden an-
langte, näher.

Weite unbesetzte Landstriche begrenzen bei den Feuerländern
die Gebiete, die dem ganzen Stamm gehören. Cäsar berichtet, daß
die Sueven und Germanen ihren Stolz darin setzten, weite Ein-
öden um ihre Grenzmarken herum zu haben. (De bello Gallico IV, 3).
Wenn die wilden und barbarischen Völker der alten wie der
neuen Welt ihre Gebiete mit neutralen Landstrichen begrenzen, so
geschieht dies, weil jeder Fremde, der auf dem Gebiet eines
Stammes angetroffen wird, gleich einem wilden Thiere verfolgt

und wenn ergriffen, getödtet wird. Das Sprüchwort der Feudal=
zeit des Mittelalters, „wer Land hat, hat Krieg", war in diesen
urwüchsigen Zeiten Wahrheit, denn Verletzung des Jagdgebietes ist
oft ein Gegenstand beständiger Streitigkeiten und Kämpfe zwischen
benachbarten Stämmen.

Die Anthropologen haben mit Erstaunen festgestellt, daß bei
den wilden Völkern die Geschlechter isolirt und abgesondert leben.
Wahrscheinlich ist diese Trennung der Geschlechter eingetreten, als
man den ursprünglichen schrankenlosen Geschlechtsverkehr aufheben
und die geschlechtliche Verbindung von Mutter und Sohn, von
Brüdern und Schwestern untereinander, die ehedem die Regel
bildete, verhindern wollte. Diese Trennung der Geschlechter inner=
halb eines und desselben Stammes erhielt sich aufrecht und wurde
verschärft durch Verschiedenheit der Beschäftigung und durch das
Eigenthum. Ter Mann übernimmt die Vertheidigung und die
Verschaffung von Lebensmitteln, während die Frau sich mit der
Zubereitung der Lebensmittel, der Herstellung von Bekleidungs=
gegenständen und Wirthschaftsgeräthen und der Verwaltung des
Hauses, sobald es ein solches giebt, beschäftigt. Wie Marx be=
merkt — die erste Arbeitstheilung beruht auf dem Geschlecht: das
Eigenthum ist bei seinem Entstehen auf ein Geschlecht beschränkt.

Der Mann ist Krieger und Jäger, er besitzt die Waffen. Die
Frau besitzt die Wirthschaftsgeräthe und die übrigen Gegenstände
ihres Thätigkeitszweiges: sie ist gezwungen, sie auf dem Rücken
oder auf dem Kopf zu tragen, ebenso wie ihr Kind, das ihr gehört
und nicht dem Vater, der meist unbekannt ist.

Die Einführung des Ackerbaues hat diese Scheidung der Ge=
schlechter noch verschärft, wie sie gleichzeitig der bestimmte Grund
war der Zerstückelung der besetzten Gebiete, die das Gemein=
eigenthum des ganzen Stammes bildeten. Ter Mann bleibt Krieger
und Jäger, er überläßt der Frau die Arbeiten des Feldes und
hilft ihr nur gelegentlich zur Zeit der Ernte; bei den Hirten=
völkern übernimmt er die Besorgung der Heerden, die schließlich
für viel ehrenvoller angesehen wurde, als die Arbeiten des Acker=
baues, und die jedenfalls weniger beschwerlich ist.

Bei den frühesten Nationen wird, da der Gebrauch der einzige
Besitztitel war, das Grundeigenthum, sobald es stehende Einrichtung
geworden, auf den Namen der Frau eingeschrieben. In allen
Gesellschaften, wo die auf dem Mutterrecht beruhende Familie sich
mehr oder minder vollständig zu erhalten vermochte, findet man
die Frau als Besitzerin des Grundeigenthums; das war der Fall
bei den Egyptern, bei den Negern, bei den Tuaregs der afrikanischen
Wüste und den Basken der Pyrenäen. Zu der Zeit des Aristoteles
gehörten zwei Fünftel des Gebiets von Sparta Frauen.

Das Eigenthum, das für seinen Besitzer ein Mittel der Selbst=

ständigkeit und eine Ursache seiner sozialen Uebermacht werden
sollte, war zur Zeit seiner Entstehung im Gegentheil eine Ursache
seiner Unterjochung. Die Frauen wurden zu den harten Feldarbeiten verurtheilt, von denen sie erst durch die Einführung der
Sklavenarbeit erlöst wurden.

Der Ackerbau hatte aber nicht nur das Privateigenthum an
Grund und Boden zur Folge, sondern führte auch zur Knechts-
arbeit, die im Laufe der Geschichte Sklaverei, Hörigkeit, Lohnarbeit
genannt wird.

Die Ländereien des Stammes werden zuerst gemeinsam bebaut;
man geht in Trupps den Boden bearbeiten, die Saaten ausstreuen
und die Frucht einholen; das geschieht noch heute in den benga-
lischen Bergen. Zäsar erzählt, daß die Sueven, der kriegerischste
und mächtigste Stamm der Germanen, aus ihren hundert Kantonen
jährlich tausend Streiter ausziehen ließen, um draußen in der
Ferne Kampf zu führen; diejenigen, die im Lande blieben, hatten
sie mit Nahrung zu versehen. Das nächste Jahr nahmen sie die
Waffen und diejenigen, die auf Unternehmungen ausgezogen waren,
blieben im Lande. So, fügt er hinzu, hörten sie nicht auf, ihre
Felder zu bebauen und sich zum Kriegsdienst zu üben (IV, I). Die
Skandinavier, die im neunten Jahrhundert Europa verwüsteten,
hatten ähnliche kommunistische Gebräuche für Kriegs- und Friedens-
leistungen.

In verschiedenen Gegenden Indiens werden die Ernteerträge
in Speicher eingebracht, die selbst in Nothstandszeiten nicht bewacht
werden. Denn Niemand kommt auf die Idee, Eigenthum der Gesammtheit bei Seite zu schaffen. Auf den Karolinen besitzt jeder
Distrikt sein öffentliches Gebäude, das als Versammlungslokal dient,
wo die Pirogen, die Webstühle und sonstigen, der Gemeinschaft
nützlichen Werkzeuge aufbewahrt werden. Während des Mittelalters spielten das Schloß des Feudalherrn und die Kirche eine
ähnliche Rolle.

Will man die Sitten der Barbaren des vorgeschichtlichen
Griechenland kennen lernen, so ergänze man das Studium der
mythologischen Dichtungen durch das der Sagas und der Poesien
der Skandinavier. Denn gleich diesen waren die ersteren kühne
Seeräuber, welche die Küsten der Inseln und der Länder des Mittel-
meeres entlang fuhren und sich mit ihrer Beute in ihre, gleich
Adlernestern auf der Spitze von steilen Anhöhen erbauten Burg-
vesten („Akropolis") zurückzogen, die ebenso unerstürmbar waren
wie die mitten im Wasser errichteten runden Thürme der Skandinavier. Ein werthvolles Fragment eines griechischen Liedes, das
Skolion des Hybrias, läßt uns einen Blick thun in das Leben der
Griechen des sog. Heroenzeitalters. Der Heros singt: Mein Reichthum besteht in meiner großen Lanze, meinem Schwert und meinem

Schild, der meinen Leib beschützt. Durch ihn ackere ich, durch ihn ernte ich, durch ihn keltere ich den süßen Saft der Traube, durch ihn heiße ich der Herr der „Mnoia" (die Sklaven der Gemeinde) . . . Und die, welche nicht wagen, die Lanze und den schönen Schild zu tragen, mögen vor mir niederknien, wie vor ihrem Herrn und mich den großen König nennen." Ueberall, wohin diese Helden kamen, schleppten sie Menschen, Vieh, die reifen Früchte und die beweg= lichen Gegenstände mit sich fort. Die Menschen wurden als Sklaven verwendet und blieben Eigenthum der Gemeinschaft; sie bebauten das Land für die Krieger des Clans. Alle Städte Kretas, eine der ersten der von diesen kühnen Seeräubern kolonisirten Inseln, besaßen noch zur Zeit des Aristoteles Sklaventrupps, Mnotae ge= nannt, die den Gemeindeacker bebauten. Alle Staaten Griechen= lands hatten neben dem gemeinsamen Acker gemeinsame Sklaven beibehalten, ebenso wie die bei gewissen festlichen Anlässen abge= haltenen gemeinsamen Mahlzeiten.[1])

Wie man sieht, beginnt überall das Eigenthum an Sklaven, Vieh und Grund und Boden als gemeinsames Clan=Eigenthum. Der Kommunismus war die Wiege des Menschengeschlechts, Werk der Zivilisation war es, diesen ursprünglichen Kommunismus, dessen letzte Spuren feudalherrlicher und bürgerlicher Habgier in den Gemeindegütern noch fortbestehen, zu zerstören. Aber das Werk der Zivilisation ist ein doppeltes. Auf der einen Seite zer= stört sie und auf der anderen Seite baut sie wieder auf. Während sie die Form des urwüchsigen Kommunismus zerschlug, organisirte sie die Elemente einer höheren und zusammengesetzteren Form des Kommunismus. Folgen wir der Zivilisation in ihrer doppelten Bewegung der Zerstörung und des Wiederaufbaues.

III.
Der Familienkollektivismus.

Mit der Bildung der Familie beginnt das Gemeineigenthum des Stammes sich aufzulösen. Es ist hier geboten, einige Worte über die Familie vorauszuschicken, um die Entwicklungsbewegung des Eigenthums besser verständlich zu machen.

[1]) Die Sklaven wurden in Griechenland in zwei Klassen ein= getheilt: die öffentlichen (Gemeinde-) Sklaven (koine duleia), die dem Staat gehörten, und die den Privaten gehörenden Sklaven, die Klarotes (die dem Loos Zuertheilten) hießen. Athen besaß zahlreiche öffentliche Sklaven, die nicht als Ackerknechte dienten, sondern als Henker, Polizeidiener, niedere Verwaltungsbeamte ꝛc. angestellt wurden.

Man weiß heute, daß das Menschengeschlecht, bevor es
vaterrechtlichen Familie gelangte, wo der Vater Vorsteher
Familie ist, der die Güter derselben besitzt und seinen Namen
seine Kinder überträgt, die Form des Mutterrechtes durchma
wo die Mutter diese höhere Stellung genoß.

Wir haben weiter oben den Clan gesehen, wie er in groß
gemeinschaftlichen Häusern wohnt, die aus einer mehr oder min
großen Zahl von Zimmern für die verheiratheten Frauen beste
Dort ist alsdann die Einzelfamilie im Entstehen. Aber wo
sie finden, ob in der mutterrechtlichen oder der vaterrechtlich
Form gebildet, ist das gemeinschaftliche Haus in ebenso viele Häu
wie Haushalte eingetheilt. In der mutterrechtlichen Form lebt
Mutter einzeln mit ihren Kindern, ihren Brüdern und ihren j
geren Schwestern, die der Reihenfolge nach abwechselnd ihre Män
die einem anderen Clan angehören, empfangen. Hier erschei
zuerst das Familieneigenthum an Grund und Boden.

Es tritt ursprünglich sehr bescheiden auf, denn es besteht anfan
nur aus dem Besitz der Hütte und des kleinen Gartens, der
umgiebt. Es ist möglich, daß bei gewissen Völkern die vaterrec
liche Familie die mütterliche noch vor der Bildung des Famili
eigenthums abgelöst hat, aber das ist nicht die Regel. Im Geg
theil, es scheint vielmehr, daß die Revolution der Familie sich
nach der Bildung des Familieneigenthums vollzogen hat. De
dies ist der Fall bei den Egyptern, bei den Griechen und vie
anderen Völkern, die ihre normale Entwicklung verfolgen konn
ohne durch Invasionen von in der Zivilisation weiter vor
schrittenen Völkern gestört zu werden.

So lange die mutterrechtliche Familie besteht, wird der bew
liche und unbewegliche Besitz nach weiblicher Abstammung verer
Man erbt von seiner Mutter und den Eltern seiner Mutter u
nicht vom Vater und den Eltern seines Vaters. Auf Java,
diese Form der Familie zu einem hohen Grad der Entwicklu
gelangt ist, fällt das Eigenthum des Vaters der Familie sei
Mutter zu. Er darf seinen Kindern, da dieselben dem Clan sei
Frau angehören, keine Schenkung machen, ohne die Einwilligu
seiner Brüder und Schwestern. Wenn man darnach urtheilt,
man von den egyptischen und anderen Familien weiß, so nim
der Mann in der mutterrechtlichen Familie eine sehr untergeordn
Stellung ein. Bei den Basken, die trotz Christenthum und Zi
sation die ursprünglichen Sitten beibehalten haben, erbt nach d
Tode der Mutter die älteste Tochter und übernimmt damit
Herrschaft über ihre Brüder und die jüngeren Schwestern.
Baske steht in seiner eigenen Familie unter Vormundschaft,
wenn er ihrer durch eine mit Einwilligung seiner Schwester
schlossene Ehe ledig wird, kommt er unter eine neue Vormu

...st, die seiner Frau; er besitzt nichts als das wenige Vermögen, ... seine Schwester ihm giebt, damit er heirathen kann. „Der ...ann ist der oberste Knecht seiner Frau", sagt ein baskisches ...richwort.

Diese höhere Stellung der Frau zeigt, beiläufig bemerkt, daß ... physische und geistige Ueberlegenheit des Mannes nicht eine ...othwendige Folge physiologischer Grundursachen ist, sondern das ...rgebniß einer seit Jahrhunderten andauernden ökonomischen Po-...ition, die ihm eine freiere und vielseitigere Ausbildung seiner ...ähigkeiten ermöglichte, als der in Unterwerfung, in der Familien-...klaverei gehaltenen Frau. Broca, der bekannte französische Physio-...oge hat im Verlauf seiner mit Gratiolet über das Verhältniß ...wischen Größe und Gewicht des Gehirns und der Intelligenz ge-...ührten Kontroverse anerkannt, daß die Inferiorität der Frau ein-...ach das Resultat einer inferioren Erziehung sein könne. Herr ...Manouvrier, Professor am anthropologischen Institut zu Paris, hat ...estgestellt, daß der Rauminhalt der von ihm gemessenen Schädel ...es Steinzeitalters beinahe ebenso groß war, als der durchschnitt-...liche Rauminhalt der Schädel der heutigen Pariser, während der ...er weiblichen Schädel des Steinzeitalters auffällig größer war als ...er der Pariserinnen.[1]

Diese Herabdrückung der Frau hat die verderblichste Wirkung für das Menschengeschlecht gehabt und hat sie noch heute. Sie ist einer der wirksamsten Faktoren der Entartung der zivilisirten Nationen. Kein Züchter würde sich herbeilassen, mit verkümmerten Weibchen eine Zucht fortzupflanzen, und was für die Thiere gilt, gilt auch für die Menschen.

Ohne behaupten zu wollen, daß die Herrschaft der Frauen in der Familie in allen Ländern zu derselben Machtstellung geführt habe, wie man sie bei den Egyptern findet, sei doch darauf hinge-

---

[1] Folgendes sind die Zahlen Manouvriers:

Durchschnittlicher Rauminhalt moderner pariser Schädel.

Zahl der gemessenen Schädel.	Rauminhalt in Kubik-Centimetern.
77 männliche	1560
41 weibliche	1338

Durchschnittlicher Rauminhalt von Schädeln aus dem Steinzeitalter.

Zahl der gemessenen Schädel.	Rauminhalt.
58 männliche	1544
30 weibliche	1422

Demnach ist der durchschnittliche Rauminhalt der Schädel der männlichen Wilden nur 36 Kubik-Centimenter geringer, während der durchschnittliche Rauminhalt der Schädel des weiblichen Wilden 84 Kubik-Centimeter größer ist.

L. Manouvrier. De la quantité de l'encéphale. Mémoires de la société d'Anthropologie de Paris. III, 2. fascicule 1885,

2*

wiesen, daß überall, wo man mutterrechtliche Familie gefunden hat,
man auf eine gewisse Abhängigkeit des Mannes von der Frau ge-
stoßen ist, mit der oft eine gewisse Feindseligkeit zwischen beiden,
zwei verschiedene Klassen bildenden Geschlechtern zusammenfällt.
Bei den Natsches und bei allen Völkern des Mississippithals galt
der Ausdruck Frau auf einen Mann angewendet als Beschimpfung.
Herodot erzählt, daß Sesostris, um das Gedächtniß seiner Thaten
zu verewigen, bei allen Völkern, die er besiegte, Obelisken errichten
ließ, und daß er bei denen, die ihm keinen Widerstand geleistet, um
ihnen seine Verachtung zu bezeugen, als Symbol ihrer Feigheit das
weibliche Geschlechtsorgan in den Obelisk einmeißeln ließ. Die
französische Volkssprache giebt diesem Gedanken noch heute Ausdruck, wenn sie einem dummen Mann mit dem Namen des weiblichen Geschlechtsorgans bezeichnet. Im Gegensatz dazu bedienen
sich die kriegerischen Frauen der Dahomey-Stämme der Bezeichnung
Mann als eines Schimpfwortes. Ohne Zweifel geschah es, um
die weibliche Herrschaft abzuschütteln, und seiner Gereiztheit Befriedigung zu verschaffen, daß der Mann sich an Stelle der Frau
zum Oberhaupt der Familie aufwirft.

Wahrscheinlich vollzog sich diese Revolution der Familie, als
die beweglichen Gegenstände individuellen Besitzes sich vervielfältigten,
und der Grundbesitz der Familie geschaffen und durch Zeit und
Gewohnheit der Gebrauch geheiligt worden war; alsdann lohnte
es der Mühe, das Weib von seiner Herrschaft zu entthronen. Es
war eine wirkliche Absetzung der Frau durch den Mann; sie
wurde je nach den Volksstämmen mehr oder weniger plötzlich und
brutal vollzogen. Während in Lacedämonien die Frauen einen
Theil ihrer Unabhängigkeit und ihrer Güter bewahrten, was
Aristoteles zu dem Ausspruch veranlaßte, daß gerade bei den krieg-
liebenden Völkern die Frauen mehr Ansehen genössen, wurden sie
in Athen und den Handel treibenden Seestädten gewaltsam ihres
Besitzes und ihrer Rechte enteignet.

Diese Absetzung gab zu wahrhaft heroischen Kämpfen Anlaß.
Die Frauen griffen, um ihre Privilegien zu vertheidigen, zu den
Waffen, und schlugen sich mit einer so verzweifelten Energie, daß
die ganze Mythologie und selbst die griechische Geschichte die Er-
innerung dieser Kämpfe bewahrt hat.

So lange das Eigenthum die Unterordnung mit sich brachte,
wurde es der Frau überlassen, sobald es aber Mittel der Emanzi-
pation und der Oberherrschaft in Haus und Gemeinwesen wurde,
entreißt es ihr der Mann.

Ohne mich weiter über die Entwicklung der Familie einlassen
zu wollen, halte ich diese Thatsache fest, die, wann sie immer sich
vollzogen, zur Zeit des Mutterrechtes oder des Vaterrechtes, die
Gemeinschaft des Stammes oder Clans zu zerstören begann. Der

Clan war ursprünglich die gemeinsame Familie aller seiner Mitglieder gewesen; jetzt gab es individuelle Familien, die ihre Sonder-
interessen unabhängig von denen des Clans, der als die Gesammtheit aller Familien betrachtet wurde, hatten. Das Gemeindeeigenthum des Stammes zerstückelte sich, wie der Stamm selbst es gethan, um das Privateigenthum der einzelnen Familien zu bilden.

Man muß für die Zeit, da das Gemeineigenthum bestand, nicht
die gegenwärtige Familie als Typus nehmen. Die Familie war
damals noch nicht wie die unserer Tage zu ihrer letzten und ein-
fachsten Gestalt gelangt, die nur aus den drei unentbehrlichen
Elementen, dem Vater, der Mutter und den Kindern zusammengesetzt ist: sie bestand damals aus dem Vater, dem anerkannten Haupt
der gesammten Familiengemeinschaft, seiner legitimen Frau und
seinen unter demselben Dach lebenden Beischläferinnen, seinen Kindern, seinen jüngeren Brüdern, deren Kindern und seinen nicht verheiratheten Schwestern. Eine Familie umfaßte damals eine große
Anzahl von Mitgliedern.

Die früher gemeinsam vom ganzen Clan bearbeiteten Acker-
länder wurden in Parzellen verschiedener Kategorien getheilt, je
nach der Beschaffenheit des Bodens. Die Parzellen wurden wiederum
zu Loosen zusammengethan und zwar dergestalt, daß alle Loose
gleiche Theile Ackerlandes jeder Beschaffenheit enthielten. Man
machte so viele Loose, als Familien vorhanden waren, außerdem
blieb ein Theil des Ackerlandes für etwaiges Anwachsen der Bevölkerung reservirt. Dasselbe wurde in Pacht gegeben oder von der
Gesammtheit bearbeitet.

Damit es weder Vergünstigungen noch sonst einen Grund zur
Unzufriedenheit gäbe, wurden diese Antheile durch das Loos den
Einzelnen zugewiesen. So heißen denn auch in der griechischen
und lateinischen Sprache die Worte, die Loos bedeuten ("sors"
und "kleros") gleichzeitig auch Eigenthum [1]. Falls eine Familie
Klage führte, daß sie bei der Vertheilung zu wenig erhalten habe,
wurde dieselbe nach Untersuchung des Falls, wenn ihre Beschwerde
als berechtigt befunden worden, durch eine Parzelle aus dem
Reserveackerland befriedigt. Leute, die Gelegenheit hatten, die Art,
wie diese Ackervertheilungen ausgeführt wurden, zu beachten, sind
erstaunt über den Geist der Gleichheit, der dabei vorherrscht und
das Geschick der bäuerlichen Feldmesser. Haxthausen erzählt, daß
„der Domänenminister, Graf von Kisseleff, in verschiedenen Orten

---

[1] Das griechische Wort „kleros" heißt auch Kiesel, Knöchelchen.
Dies ist wahrscheinlich die ursprüngliche Bezeichnung: vor Erfindung
der Schrift mußte man sich der Kiesel und Knöchelchen verschiedener
Formen und Farben bedienen, um die Ackervertheilungen vor-
zunehmen.

des Gouvernements Woronieff die Vermessung und Abschätzung des Bodens durch Berufs-Feldmesser und Bodenabschätzer, die ihre Sache von Grund aus verstanden, hatte vornehmen lassen, und daß die Resultate dieser Arbeit bewiesen, daß die Vermessungen der Bauern, von einigen unbedeutenden Abweichungen abgesehen, nach jeder Richtung hin vollständig genau waren. Wer mag wissen, welche von beiden überhaupt die genauere war." [1]

Das Weideland, die Wälder, die Seen, die Fischteiche, die Jagd-, die Fisch- und sonstigen Gerechtigkeiten, sowie die von Karawanen erhobenen Steuern 2c. bleiben unvertheilt und ihr Ertrag gehört allen Gliedern des Clans gemeinsam.

Die Ackerloose werden von jeder Familie unter der Leitung ihres Oberhauptes und der Aufsicht des Dorfvorstandes bebaut. Die Ernten gehören der Familiengemeinschaft, statt wie früher der Stammes- oder Clan-Gemeinschaft. „Keine Familie darf ihren Antheil nach ihrem Belieben bebauen", sagt Marshall, „sie muß auf ihrem Feld dieselbe Saat säen, wie die anderen Familien der Gemeinschaft. [2] Das System der Bewirthschaftung ist die sogenannte Dreifelderwirthschaft: 1) Weizen oder Roggen; 2) Sommerfrucht (Gerste, Hafer, Bohnen, Erbsen 2c.); 3) Brache. Nicht allein das, was gesäet werden soll, sondern auch die Zeit der Saat und der Ernte wird vom Gemeindevorstand bestimmt. Sir George Campbell erzählt uns, daß bei den Indern jedes Dorf seinen Kalenderbrahminen oder Astrologen besitzt, die die Aufgabe haben, die günstigen, glückverheißenden Zeitpunkte für Saat und Ernte anzugeben.

Haxthausen, ein verständnißvoller und unparteiischer Beobachter der Sitten der kollektivistischen Gemeinden Rußlands, berichtet, daß bei den Feldarbeiten die vollkommenste Ordnung, eine geradezu militärische Disziplin herrscht. Am gleichen Tag, zur selben Stunde, begeben sich alle Bauern an die Arbeit, die einen, um zu pflügen, die andern um zu eggen u. s. w., und zu gleicher Zeit kehren sie heim. Diese Regelmäßigkeit wird nicht von dem Starosta (Aeltesten des Dorfes) vorgeschrieben, sie ist lediglich das Resultat des Geistes der Gemeinschaftlichkeit, der das russische Volk auszeichnet, und das Bedürfniß der Einigkeit und Ordnung, das die Gemeinde beseelt." Diese Charakterzüge, welche Haxthausen für besondere Eigenthümlichkeiten des russischen Volks hielt, sind das Ergebniß der kollektiven Form des Eigenthums, sie sind überall wahr-

[1] Forschungen über die innere Lage, das nationale Leben und die ländlichen Einrichtungen Rußlands. Von Baron A. von Haxthausen. Französische Ausgabe. 1847. Vol. I. Ch. IV.
[2] Marshall. Elementary and practical treatise on landed property. London 1804.

genommen worden. Wir haben oben gesehen, daß die Inder beim Festsetzen des Zeitpunktes der Saat nicht zu menschlichen Vorschriften ihre Zuflucht nehmen, sondern zu den vom Astrologen übermittelten Wahrzeichen des Himmels. Maine, der in seiner Eigenschaft als Rechtsbeistand der Regierung von Ostindien aus unmittelbarer Nähe die kollektivistischen Dorfgemeinschaften studiren konnte, sagt: „Der Rath des Alten befiehlt nichts, er erklärt nur, was Sitte ist. Er erklärt nicht, was er von einer höheren Macht vorgeschrieben glaubt; diejenigen, die am meisten berechtigt sind, über diesen Gegenstand zu sprechen, läugnen, daß die Eingeborenen von Indien absolut einer göttlichen oder politischen Autorität zur Begründung ihrer Sitten und Gebräuche bedürfen. Das Alter derselben wird als genügender Grund betrachtet, sie blindlings zu befolgen." Die militärische Disziplin, die der preußische Beamte im Munde führt, ist da eine selbstverständliche Sache und nicht anbefohlen wie die Bewegungen der Truppen und die Verrichtungen der Arbeiter auf den „Bonanza Farmen", von denen wir weiterhin zu sprechen haben werden. Aus den Schriften eines schweizerischen Predigers, der im vorigen Jahrhundert lebte, geht hervor, daß auch im Kanton Bern diese in Rußland beobachtete Ordnung und Allgemeinheit der Arbeit existirte. „An einem festgesetzten Abend", sagte er, „begiebt sich die ganze Gemeinde auf die Gemeindewiese. Jedes Gemeindemitglied wählt sich den Platz aus, der ihm geeignet erscheint und wenn um Mitternacht vom nahen Hügel herab das Signal ertönt, mäht jeder das Gras vor sich in gerader Linie vorwärts schreitend, nieder, und Alles, was er bis zum Mittag des folgenden Tages geschnitten, gehört ihm: er kann es nach Belieben verwenden. Das Gras, das noch stehen geblieben, wird von dem Vieh, daß sie gemeinsam hinausschicken, abgegrast". [1]

Ist die Ernte vorbei, so werden die den Familien ausgetheilten Parzellen wieder Gemeindeeigenthum, und alle Dorfbewohner haben das Recht, ihr Vieh dort zur Weide zu schicken.

Ursprünglich waren die dem Clan zugehörigen Familienväter allein zu dieser Landesaustheilung berechtigt; erst viel später werden Fremde, die, nachdem sie eine gewisse Zeit niedergelassen waren, Bürgerrecht erlangt, zu den Landesvertheilungen zugelassen. Das Eigenthum, der Boden, war das „Gut der Väter", daher das Wort „patria", „fatherland". In den alten skandinavischen Gesetzen sind die Wörter „Haus" und „Vaterland" gleichbedeutend;

---

[1] „Essay über die Abschaffung des Koppelweiderechts und über die Vertheilung der Gemeindegüter" von Sprüngli von Neuenegg, veröffentlicht von der landwirthschaftlichen Gesellschaft in Bern 1763. Zitirt von Neuchateau in seiner „Voyage agronomique dans la Senatorerie de Dijon", auf die ich noch später zurückzukommen Gelegenheit haben werde.

zu jener Zeit hatte man nur ein Vaterland, wenn man Anspruch auf den zu vertheilenden Boden hatte; ebenso waren die Väter und alle männlichen Angehörigen der Familie allein verpflichtet, das Vaterland zu vertheidigen, sie allein hatten das Recht, Waffen zu tragen. Der kapitalistische Fortschritt besteht darin, das Vaterland von denen vertheidigen zu lassen, die nicht einen Zoll breit Erde davon besitzen.

Das Privateigenthum an Boden besteht noch nicht, weil der Boden dem ganzen Clan gehört und nur der zeitweilige Gebrauch eines Theiles desselben, obendrein unter der Bedingung der Bebauung nach den festgesetzten Gebräuchen, den Einzelnen zugewiesen wurde; der Rath der Alten hatte das Amt, die Aufrechterhaltung dieser Gebräuche zu überwachen. Das Haus und seine nächste Umfriedigung allein sind Privateigenthum der Familie. Bei gewissen Völkern, z. B. bei den Neukaledoniern, wurde nach dem Tode des Hauptes der Familie sein Haus verbrannt, ebenso seine Waffen, seine Lieblingsthiere und zuweilen auch seine Sklaven. Allem Anschein nach wurde das Haus lange Zeit hindurch als keineswegs mit dem Boden verbunden betrachtet, sondern als bewegliches Gut; als solches bezeichnen es verschiedene Gewohnheitsrechte in Frankreich, unter andern diejenigen des Kantons von Lille. (Ch. I. Art. 6.)

Das Haus ist unverletzlich, Niemand hat das Recht, ohne Einwilligung des Familienoberhauptes dasselbe zu betreten. Die Justiz des Landes macht vor seiner Thüre Halt: wenn ein Verbrecher in das Haus eintritt, ja wenn er nur den Griff der Thüre berührt, ist er der Strafverfolgung des Staates bezw. des Gemeinwesens entrückt und fällt unter die des Familienvaters, der innerhalb der Familie gesetzgebende und ausführende Gewalt bekleidet. Im Jahre 186 vor unserer Zeitrechnung mußte der römische Senat, der verschiedene römische Damen, deren dionysische Orgien die öffentliche Moral und Sicherheit gefährdeten, zum Tode verurtheilt hatte, die Ausführung seiner Verdikte den Familienoberhäuptern überweisen, denn die Frauen, die zum Haus gehörten, unterstanden nur der Autorität des Familienvaters. Die Unverletzlichkeit des Hauses wurde in Rom bis zu dem Punkt getrieben, daß ein Vater weder die Hilfe eines Richters noch der öffentlichen Gewalt zu dem Zweck in Anspruch nehmen durfte, den Widerstand seines Sohnes zu brechen. Im Mittelalter bestand diese Unverletzlichkeit noch; so unterstand in Mülhausen ein Bürger, der sich in sein Haus zurückzog, nicht mehr der städtischen Justiz; der Gerichtshof war gezwungen, sich an seine Thür zu begeben, um über ihn Urtheil zu sprechen, und es stand ihm frei, ob er auf die ihm gestellten Fragen antworten wollte oder nicht, und wenn er antwortete, that er es vom Fenster aus. Das Asylrecht, das die Kirchen im Mittel=

alter befaßen, war nur eine Umgestaltung dieser Unverletzlichkeit des Hauses; wie später dargethan werden wird, war die Kirche nur eine Art gemeinschaftliches Haus.

Die Häuser stoßen nicht aneinander, sondern sind von einem Streifen Land umgeben: Viele Schriftsteller haben geglaubt, diese Absonderung der Häuser wäre eine Vorsichtsmaßregel gegen Feuersbrunst gewesen, die in den Dörfern, wo die Häuser aus Balken mit Strohbedachung bestehen, sehr gefährlich werden kann. Aber das scheint mir nicht der Grund dieser so allgemein verbreiteten Sitte zu sein. Wir hatten gesehen, daß die Gebiete der Stämme von einem Streifen wüsten Landes umgeben waren, der dazu diente, sie von Gebieten anderer benachbarter Stämme abzugrenzen; ebenso wird das Familienhaus von einem freibleibenden Streifen Landes umgeben, um mehr unabhängig von den benachbarten Häusern zu sein; das war auch das einzige Stück Land, das man später mit Zäunen, Mauern oder Hecken zu umgeben gestattete; in den Gesetzen barbarischer Völker führt es den Namen „gesetzmäßiger, legitimer Hof", „curtis legalis," „hoba legitima". Dies war der Ort, wo die Familie ihre Gruft hatte. Diese Absonderung wurde für so unentbehrlich betrachtet, daß das römische Gesetz der zwölf Tafeln den Raum, der zwischen den Häusern in den Städten freigelassen werden mußte, auf 2½ Fuß festsetzte.[1]

Nicht allein die Häuser wurden dergestalt isolirt, sondern auch die Bodenantheile jeder Familie, und für diese hätte eine solche Maßregel als Schutz gegen Feuersgefahr keinen Zweck. Das Gesetz der zwölf Tafeln setzte fünf Fuß für die Größe des Bodenstreifens fest, der unbebaut bleiben mußte.[2]

Die Zerstückelung des kommunistischen Eigenthums des Stammes in Kollektiveigenthum der Familien war eine viel revolutionärere Neuerung, als es heute die Rückkehr zum Gemeineigenthum an Grund und Boden wäre. Das Kollektiveigenthum kam nur schwer auf und konnte sich dadurch erhalten, daß man es unter den Schutz der Götter und unter den Schirm des Gesetzes stellte, um mich eines geheiligten Ausdruckes zu bedienen. Das Gesetz, kann man noch hinzufügen, ist nur gemacht worden, um es zu schützen.

Religiöse Zeremonien wurden eingeführt, um der abergläubischen Einbildung der primitiven Menschen den nöthigen Respekt vor diesem, ihrer kommunistischen Natur so antipathischen Privateigenthum einzuflößen. In Italien und Griechenland machte der Familienvater an gewissen festgesetzten Tagen des Monats und des Jahres einen Gang um sein Feld, den unbebauten Rand entlang, die Opferthiere vor sich herstoßend, während er Hymnen sang,

---

[1] Table VII, 1 des nach Festus hergestellten Textes.
[2] Tafel VII des nach Cicero hergestellten Textes.

und den Grenzzeichen aus Stein und Holz, die die Felder ein
schlossen und die zu Göttern wurden, Weihopfer darbietend; f
hießen bei den Römern Termen, bei den Griechen heilige Grenzen
Der Nachbar durfte sich der Grenze nicht nähern, weil er fürchte
mußte, daß der Gott, durch die Pflugschaar sich verletzt fühlen
ihm zurufen würde: „Halt an, das ist mein Feld, dort ist da
Deine!" (Ovid, Fasten II 677.)[1]

In der Bibel findet man zahlreiche Gebote in Bezug auf de
dem Felde des Nächsten schuldigen Respekt: „Du sollst Dein
Nächsten Grenze nicht zurücktreiben", befiehlt der Ewige. (Deutero
nomion XIX, 14). Weiterhin verstärkt er seinen Befehl: „Ver
flucht sei, wer seines Nächsten Grenze engert! und alles Volk so
sagen Amen" — das heißt, wird ihn verdammen (Deut. XXVII. 17
Hiob, der den richtigen Eigenthumssinn hat, reiht diejenigen zu de
Bösesten der Bösen, die die Grenzsteine ausreißen (XXIV, 2). D
Kosaken führten die Kinder, um ihnen den Respekt vor dem Eigen
thum Anderer einzuflößen, den Rand der Felder entlang un
schlugen während dieses Rundganges mit Ruthen auf sie ein
Plato schrieb: Unser erstes Gesetz sollte das sein: Niemand soll d
Grenze antasten, die ein Feld von dem eines Nachbarn trennt, den
sie soll unbeweglich sein. Niemand lasse sich beikommen, den Ste
zu verrücken, den man durch Eidschwur sich verpflichtet hat, a
Platze zu lassen. (Die Gesetze VIII.) Die Etrusker riefen al
möglichen Verwünschungen herab auf den Kopf des Schuldige
Wer die Grenzsteine berührt oder verrückt hat, sei von den Götter
verflucht; sein Haus soll verschwinden, sein Geschlecht verlösche
der Sonnenbrand der Hundstage seine Ernte zerstören, die Glie
maßen des Schuldigen sollen sich mit Geschwüren bedecken und i
Verwesung verfallen".[2]

Da die geistigen Strafen, die auf die phantastische und krau
Einbildungskraft der Völker im Kindesalter soviel Eindruck mache
nicht genügten, so sah man sich genöthigt, sich auf Körperstraf
von einer unerhörten Strenge zu verlegen, Strafen, die im krasseste
Gegensatz standen zu den Sitten und Gefühlen, der auf der Stu
der Barbaren stehenden Völker. Die Wilden unterziehen sich d
schrecklichsten Torturen, um sich für ihr Leben unaufhörlicher Kämp
zu üben, aber niemals tragen dieselben den Charakter der Züch
gung. Viele Reisende berichten, daß die Kinder niemals von d
Eltern geschlagen werden. Das verabscheuenswürdigste Verbreche
das ein Barbar begehen kann, ist das Blut seines Stammes zu ve
gießen, eines der Mitglieder zu tödten. Der ganze Stamm m
sich gegen ihn erheben, um Rache zu nehmen. Wenn ein Mitgli

---

[1] Feustel de Coulanges, „La cité antique".
[2] Zitirt von Fustel de Coulanges in „Cité Antique".

eines Stammes des Mordes oder eines anderen Verbrechens schul-
dig erkannt wurde, so wurde es ausgestoßen und den Göttern der
Hölle geweiht, auf daß kein Mitglied sich vorzuwerfen habe, damit,
daß es den Mörder geschlagen, Blut des Stammes vergossen zu
haben. Das Eigenthum' bezeichnet sein Erscheinen damit, daß es
den Barbaren lehrt, seine heiligsten Empfindungen mit Füßen zu
treten; gegen die, die das Eigenthum angegriffen, wird die Todesstrafe verhängt. „Wer in der Nacht verstohlen die durch den Pflug
hervorgebrachte Ernte abschneidet oder abweiden läßt, wird, sagt
das Gesetz der 12 Tafeln, wenn er mannbar ist, der Ceres geweiht
und getödtet; hat er noch nicht die Reife erlangt, so wird er nach
Ermessen des Richters mit Ruthen geschlagen und verurtheilt, den
Schaden doppelt zu ersetzen. — Der überführte, (das heißt der in
flagranti ertappte) Dieb soll, wenn er ein freier Mann ist, mit
Ruthen geschlagen und in die Sklaverei geführt werden. — Wer
einen Weizenschober in Brand steckt, soll gepeitscht und dem Feuer-
tod überliefert werden." (Tafel VIII. 9, 10, 14.)

Die geistigen und irdischen Strafen, die sich überall vorfinden
und dieselbe Brutalität[1]) zeigen, sind ein Beweis, auf welche Schwierigkeiten die kollektivistische Form des Eigenthums bei ihrer Einführung in dem kommunistischen Stamm stößt.

Vor Einführung des Kollektiveigenthums betrachtete der Barbar
alles das, was dem Stamm gehörte, auch als ihm gehörend und
benutzte es nach seinen Bedürfnissen oder seinen Einfällen. Wir
haben oben gesehen, daß der Lacedämonier das Recht hatte, ganz
ohne Umstände in die Privatwohnungen einzutreten, um sich die
Nahrung, die er brauchte, zu nehmen; und dabei waren die Lacedämonier verhältnißmäßig zivilisirt. Aber ihr meistentheils kriege-
risches Leben hatte ihnen erlaubt, ihre alten barbarischen Gewohnheiten beizubehalten. Reisende, die diesem Recht, Alles nehmen zu
dürfen, was einem in den Bereich kommt, zum Opfer gefallen sind,
haben die Wilden Diebe geschimpft. Als ob es da Diebstahl geben
könne, wo das Privateigenthum nicht herausgebildet ist. Aber
sobald das Kollektiv-Eigenthum besteht, wird die natürliche Ge-
pflogenheit, sich dessen zu bemächtigen, was man sieht und wünscht,
ein Verbrechen, wenn sie sich gegen das Privateigenthum von Familien richtet, und um diese eingewurzelte Gewohnheit im Zaum
zu halten, sah man sich gezwungen, zum religiösen Aberglauben
und zu körperlichen Strafen seine Zuflucht zu nehmen. Die Justiz

---

[1]) Das Eigenthum ist stets grausam: in den zivilisirten Ländern
wurden bis in ganz letzter Zeit die Diebe gehängt, nachdem sie,
wenn man die Zeit dazu hatte, vorher gefoltert worden waren.
Fälscher von Banknoten wurden zum Tode verurtheilt und werden
noch heute zu lebenslänglicher Zwangsarbeit verurtheilt.

und die scheußlichen Strafgesetzbücher kamen über die Menschheit in unmittelbarer Folge und als Wirkung des Kollektiveigenthums.

Wie Engels ausführt, vollzog sich die Entwicklung der frühesten Formen der Familie unabhängig von der Bildung des Privateigenthums, der dieselben vorhergingen. Aber sobald einmal die mutterrechtliche Familie den Clan in Einzelfamilien getheilt hatte, führte sie zur Zerstückelung des Gemeineigenthums und zur Organisation des Kollektiveigenthums und dieses, einmal hergestellt, wirkt mächtig auf das Schicksal der Familie und der privaten und sozialen Stellung des Mannes zurück.

Das Kollektiveigenthum ist wenn nicht die einzige, jedenfalls die bedeutendste Ursache der Verdrängung des Mutterrechts durch das Vaterrecht: das Schicksal der vaterrechtlichen Familie ist eng verbunden mit der Kollektivform des Eigenthums; es wird die wesentliche Bedingung seiner Aufrechthaltung und sobald es seinerseits zu zerstückeln beginnt, löst sich die vaterrechtliche Familie auf und entwickelt sich zur modernen Familie, ein elendes Ueberbleibsel, das bald verschwinden wird.

Die Gesellschaften des Alterthums haben die Wichtigkeit der Sicherung des Kollektiveigenthums für die Aufrechterhaltung der Familien wohl gekannt. In Athen wachte der Staat darüber, daß es gut verwaltet wurde; Jedermann hatte das Recht, die Absetzung eines Familienoberhauptes zu verlangen, das seine Besitzthümer schlecht verwaltete. Das Kollektivvermögen gehört weder dem Vater noch den Familienmitgliedern, sondern der als ein Kollektivwesen, das nicht stirbt und sich von Generation zu Generation fortpflanzt, betrachteten Familie; das Eigenthum gehörte der Familie in der Vergangenheit, in der Gegenwart und in der Zukunft; den Vorfahren, die im Familiengut ihre Altäre und ihre Gräber hatten, den lebenden Gliedern, die nichts als die Nutznießer waren und die Pflicht hatten, die Familientradition aufrecht zu erhalten, das Besitzthum zu hegen und zu pflegen, um es den Nachkommen zu hinterlassen. Das Oberhaupt der Familie, das der Vater, der ältere Bruder, der jüngste Bruder und zuweilen die Mutter sein konnte, war der Verwalter der Besitzthümer; er hatte über die gute Bewirthschaftung der Aecker und die Instandhaltung des Hauses zu wachen und für die Bedürfnisse der Individuen, aus denen sich die Familiengemeinschaft zusammensetzte, zu sorgen, um das Erbe (Patrimonium) seinem Nachfolger im gleichen Zustande des Gedeihens übergeben zu können, wie er es bei dem Tode seines Vorgängers erhalten hatte.

Um dieser Aufgabe gebührend nachkommen zu können, genoß das Oberhaupt der Familie einer wahrhaft despotischen Autorität; er war Richter und Henker zugleich, er richtete, verurtheilte und züchtigte die unter seinen Befehlen stehenden Familienmitglieder.

mit eigener Hand. Seine Macht ging so weit, daß er seine Kinder in die Sklaverei verkaufen und über jeden der ihm Untergeordneten, selbst sein Weib, die Todesstrafe verhängen durfte, obgleich letzteres den, freilich sehr zweifelhaft gewordenen Schutz seiner eigenen Familie genoß.

Da der Boden oft im Verhältnisse zur Anzahl der männlichen Familienmitglieder zur Vertheilung gelangte, so verheirathete das Oberhaupt der Familie, um sich Dienstboten zur Bearbeitung des Bodens zu verschaffen, seine Kinder ganz jung an erwachsene Frauen, die seine Konkubinen wurden. Harthausen berichtet, daß man in Rußland starke und große Mädchen findet, die ihren jungen Gatten auf dem Arme tragen.

Die banale Phrase: „die Familie ist die Grundlage des Staates", die von den Moralisten und Politikern, seit sie aufgehört hat, wahr zu sein, bis zum Ekel wiederholt wird, war damals der genaue Ausdruck der Wahrheit. Da, wo das Kollektiveigenthum besteht, ist jedes Dorf ein kleiner Staat, dessen Regierung ein von der Versammlung der gleichberechtigten Familienoberhäupter gewählter Rath bildet. In Indien, wo die Kollektivform des Eigenthums zu einer sehr vorgeschrittenen Entwicklung gelangt war, hatten die Gemeinden ihre Beamten, wozu die Handwerker, Stellmacher, Schneider, Wäscher, Weber ꝛc. die Schullehrer, die Priester und selbst die Tänzerinnen für die öffentlichen Zeremonien gehörten; dieselben wurden auf Kosten der Dorfgemeinschaft bezahlt und hatten ihre Dienste allen Gliedern des Dorfes zur Verfügung zu stellen. Sir G. Campbell, der diese Thatsache mittheilt, erzählt unter anderen interessanten Dingen, daß der Schmied und andere Handwerker besser bezahlt wurden als die Priester.

Das auf Grund seiner Geschicklichkeit, seines Wissens und seiner Kenntnisse als Zauberer und Magier gewählte Dorfoberhaupt ist der Verwalter der Güter der Gesammtheit; er allein hat das Recht, mit der Außenwelt zu verhandeln, das heißt, den Ueberfluß der Ernten und der Heerden zu verkaufen und die Gegenstände einzukaufen, die in der Gemeinde nicht verfertigt werden. So bemerkt Harthausen: „Der Handel findet nur im Großen statt, was sehr vortheilhaft ist, da der Bauer, wenn er sich selbst überlassen ist, sich manchmal gezwungen sieht, seine Produkte unter ihrem wirklichen Werth und zu einem, dem Verkauf nicht günstigen Zeitraum loszuschlagen, während, wenn der Handel sich in den Händen des Vorstehers befindet, das Gegentheil der Fall ist; dieser kann auf Grund seiner Verbindungen mit den anderen Gemeindevorstehern des Bezirks warten und seine Verkäufe bei einem sehr hohen Preis abschließen und so aus allen günstigen Umständen Nutzen ziehen". Man kann den Bemerkungen Harthausens nur zustimmen, wenn man weiß, auf welche Weise die Bauern von den

Kaufleuten betrogen werden. Die französischen Bourgeois
sich auf Algier und Tunis geworfen, um sie auszuplündern,
wüthend darüber, daß sie nicht in direkte Verbindung mit
einzelnen Arabern treten konnten, und stets gezwungen waren,
den Oberhäuptern der kleinen Gemeinden derselben zu verhan
sie haben sich in den übertriebensten Klagen über das Sch
dieser armen Araber ergangen, die nicht das Recht haben, sich
europäischen Handelsleuten das Fell über die Ohren ziehen zu la

Die kleinen, auf der Grundlage des Kollektiveigenthums org
sirten Gesellschaften sind mit einer Lebens= und Widerstands
ausgestattet, wie sie keine andere Gesellschaftsform in ähnli
Grade besessen hat. „Sie dauerten da aus, wo nichts Best
hatte", sagt Lord Metcalf, der sie im Jahre 1832 in Indien,
er das Amt eines Vizekönigs bekleidete, studirt hat. Dyna
folgen auf Dynastien, Revolutionen auf Revolutionen, die Pat
die Mongolen, die Mahratten, die Sicks und die Engländer
nacheinander die Herren, doch die Dorfgemeinschaft bleibt in
dieselbe. In Zeiten der Beunruhigung bewaffnen sie sich und
Befestigungen an. Wenn dann eine feindliche Armee das
durchzieht, so treibt die Gemeinde das Vieh in ihre Mauern
läßt das Heer ohne zu provoziren, vorbeimarschiren. Werden
Gemeinden angegriffen und vermögen sie nicht Widerstand
leisten, so flüchten sie und suchen Schutz in anderen befreund
Dörfern; sobald jedoch der Sturm vorüber ist, kehren sie zu
und richten sich an der Stätte, die sie verlassen haben, wieder.
Auch wenn eine Gegend während einer Reihe von Jahren
Szene von Plünderungen und andauernden Metzeleien gewesen,
zwar in einer Weise, die es unmöglich macht, das Dorf zu
wohnen, so kehren die Dorfbewohner nichtsdestoweniger in daß
zurück, sobald sich die Möglichkeit einer friedlichen Besitzergrei
desselben kund giebt. Eine Generation kann dahingehen, doch
folgenden Generationen kehren zurück. Die Söhne nehmen
von den Gütern ihrer Vorfahren, das Dorf wird an demse
Ort, die Häuser werden an derselben Stelle gebaut und diese
Felder den Abkömmlingen zugetheilt werden ... Und e
keineswegs eine so leichte Sache, sie zu vertreiben; manchmal h
sie während Zeiten der Stürme und des Aufruhrs ihre Pos
fest und gewinnen genügende Kraft, um der Plünderung und
drückung siegreichen Widerstand leisten zu können." [1] Weite

[1] „Bericht der Kommission des Hauses der Gemeinen."
Die Aussage Lord Metcalfs, die bemerkenswertheste von allen
im Anfang wörtlich wiedergegeben.

Juristen, Politiker, religiöse und sozialistische Reformat
haben oft über das absolute Recht des Eigenthums diskutirt,
diese endlosen Diskussionen kommen immer auf denselben

konstatirt Lord Metcalf mit tiefem Bedauern, daß, diese indischen
Gemeinden, die kein Angriff von außen zu zerstören vermochte, durch
unsere Gesetze und Gerichtshöfe schnell zu Grunde gerichtet werden."
Das bürgerliche Ausbeutungssystem kann die Kollektivform des
Eigenthums nicht neben sich dulden, es vernichtet sie und setzt an
ihre Stelle das individuelle Eigenthum, die wahre bürgerliche Form
des Eigenthums. Was sich jetzt in Indien und Algerien abspielt, ist
auch in Frankreich vor sich gegangen; die Dorfgemeinden, die die

zurück, daß das Eigenthum durch die Gewalt hervorgebracht worden,
daß jedoch die Zeit, die sonst alles häßlich macht, dieses im Gegentheil verschönt und heilig gesprochen habe. Niemand hatte sich die
Mühe genommen, die geschichtlichen Formen des Eigenthums zu
studiren. Noch bis in die jüngste Zeit haben die Denker, die über
die Entwicklung der menschlichen Gesellschaften geschrieben haben,
nichts von der Existenz des Kollektiveigenthums gewußt. Ein
preußischer Beamter, Herr von Haxthausen, der Rußland im Jahre
1840 bereiste, entdeckte dasselbe und veröffentlichte diese Entdeckung
in seiner „Studie über die innere Lage, das nationale Leben und
über die ländlichen Einrichtungen Rußlands." (Der deutsche Titel
lautet: „Die ländliche Verfassung Rußlands. Ihre Entwicklungen
und ihre Feststellung in der Gesetzgebung von 1861.") Dort führt
er aus, daß das „Mir" die Verwirklichung der damals Mode gewordenen Saint Simonistischen Lehren darstelle. Bakunin und die
liberalen Russen, die von der Existenz des Kollektiveigenthums in
Rußland nie etwas gewußt hatten, entdeckten dasselbe nach Hax-
hausen noch einmal, und da sie trotz ihres gestaltlosen Anarchismus,
vor allem andern Chauvinisten sind, und sich einbilden, daß die
slavische Rasse die privilegirte Rasse sei, die die ganze Welt zu
leiten hat, behaupteten sie, daß der „Mir", diese primitive und
verfallene Form des Eigenthums, im Gegentheil die der Zukunft
sein müßte; es bleibe den westlichen Nationen nichts übrig, als ihre
Zivilisation auszulöschen und damit zu beginnen, die russischen
Bauern nachzuäffen.

Nach dem Grundsatz, daß man das zuletzt sieht, was einem
dicht vor der Nase liegt, hat Haxthausen, der den Mir in Rußland
zu entdecken gewußt hat, von den in Teutschland so zahlreichen
Ueberbleibseln der Mark nichts bemerkt; er erklärte dies Kollektiveigenthum für eine slavische Eigenthümlichkeit. Maurer gebührt
die Ehre, nachgewiesen zu haben, daß die Germanen die Form des
Kollektiveigenthums durchgemacht hatten, und seit Maurer haben
Forscher das Kollektiveigenthum in allen Ländern und bei allen
Rassen gefunden. Vor Haxthausen aber hatten schon die englischen
Beamten in Indien diese sonderbare Form des Eigenthums in den
von ihnen verwalteten Provinzen herausgefunden; ihre Entdeckung
war jedoch vergraben in offiziellen Berichten, nicht an die Oeffent-
lichkeit gelangt. Seitdem nun die Frage auf die Tagesordnung
gekommen, hat man ausgefunden, daß auch andere Schriftsteller auf
sie aufmerksam gemacht haben, unter anderen François de Neufchateau und der englische Astronom Marshall.

ganze Feudalperiode zu überstehen vermochten, und sich bis zum
Jahre 1789 erhielten, wurden durch zersetzende Wirkung der während
und nach der bürgerlichen Revolution fabrizirten Gesetze aufgelöst.
Der große revolutionäre Jurist Merlin-„Suspekt" so genannt, weil
er der Berichterstatter über das Gesetz gegen die Verdächtigen war)
hat mehr dazu gethan, die Gemeindegüter der Dorfgemeinschaften
zu zerstören und zu konfisziren, als die Feudalherren im Laufe von
Jahrhunderten.

Außer den Gründen politischer Natur, die die despotischen Regierungen veranlaßten, die auf dem Kollektiveigenthum beruhende
Gemeinde- und Familienorganisation zu erhalten, gab es dafür auch
ebenso wichtige Gründe administrativer Natur. Da die Gemeinde
eine kollektive Einheit bildete, die durch das Oberhaupt, das sie
verwaltete und in ihrem Namen handelte, vertreten wurde, so
machte die Regierung diesen letzteren verantwortlich für die Ein-
bringung der Steuern, und die Rekrutirung der Milizen und weist
ihm noch andere unbezahlte Aemter zu. In Rußland leiht die
kaiserliche Regierung der Entscheidung des Gemeinderaths ihren
Beistand und einverleibt diejenigen Personen in die Armee oder
schickt sie gar nach Sibirien, die sich nicht nach Wunsch der Alten auf-
führen: der Zar ist der Hort des Familiendespotismus, der dieser
Form des Eigenthums entspricht. In Frankreich that das König-
thum vor 1789 zuweilen sehr glückliche Schritte, diese kollektivistischen
Organisationen der Bauern zu schützen, die auf der einen Seite von
den Feudalherren, welche sie in brutaler Weise ihrer Gemeindegüter
und ihrer Privilegien beraubten und auf der andern Seite von den
Bürgern und den Beamten attakirt wurden, die ihnen mit allen
Mitteln ihren Boden abtrieben.

Die feudalen Herren ermuthigten die Organisation der Familiengemeinschaft der Bauern; sie bot ihnen große Vortheile für
die Bearbeitung ihrer Felder.[1]

---

[1] Revolutionäre russische Sozialisten wünschen und glauben
an die Aufrechterhaltung des Kollektivismus des „Mir"; sie glauben,
es würde leichter sein, den ländlichen Kommunismus einzuführen,
wenn man eine in Kollektivgemeinschaft lebende bäuerliche Klasse habe.
Es ist wohl möglich, daß eine revolutionäre Regierung dadurch,
daß sie sich der kommunistischen Denkweise, welche das Kollektiveigenthum entwickelte, bediente, nützliche Maßregeln zur Nationali-
sirung des Bodens und seiner sozialen Ausnutzung zu ergreifen
vermag. Aber es ist zweifelhaft, ob in Rußland eine revolutionäre
sozialistische Regierung zu Stande kommen kann, so lange diese
Form des Kollektiveigenthums der allgemeine Zustand bleibt. That-
sächlich sind alle auf der Basis des Mir organisirten Dorfgemeinschaften im vollen Sinne des Wortes autonom; sie schaffen in ihrem
eigenen Rahmen Alles das, was sie brauchen, und treten nur sehr
wenig in Verbindung miteinander, infolgedessen es jeder Regierun

Das Kollektiveigenthum, das den Urkommunismus des ganzen Stammes aufhob, bildete den Familienkommunismus aus, der allen seinen Mitgliedern Schutz gegen das Elend bot. „Das Proletariat ist in Rußland unbekannt", schrieb Haxthausen, „und so lange diese Institution (der Mir) besteht, wird es sich nie bilden können. Ein Mensch kann dort verarmen und sein Vermögen verschleudern, aber das Unglück oder die Vergehen des Vaters können die Kinder nicht treffen, denn diese, die ihr Recht nicht von der Familie, sondern von der Gemeinde ableiten, erben die Armuth ihres Vaters nicht."

Gerade dieser Schutz gegen das Elend und gegen die Entstehung des Proletariats ist es, der das Kollektiveigenthum der Bourgeoisie so unsympathisch macht, deren Reichthum auf dem Elend des Proletariats beruht.

Das Kollektiveigenthum ist nicht nur wegen der Lebenskraft und Unzerstörbarkeit der kleinen Bauerngemeinschaften, die auf ihm beruhen, nicht nur wegen des relativen Wohlstandes, den es dem Landbebauer verschaffte, bemerkenswerth, sondern auch wegen der Großartigkeit der von ihm geschaffenen Werke, für die als Beispiel auf bewunderungswürdige Bewässerungsarbeiten in Indien zu verweisen ist, sowie auf die auf den Abhängen der Berge Javas terrassenförmig angelegten Kulturen, die nach Wallace hunderte von Quadratkilometern bedecken. „Diese Terrassen werden von Jahr zu Jahr in demselben Maße, wie die Bevölkerung sich vermehrt, erweitert, wobei die Bewohner jeden Dorfes unter der Anführung ihrer Vorsteher arbeiten, und nur diesem System der Dorfarbeit ist es vielleicht zuzuschreiben, daß solche ausgedehnte Bewässerungs- und Terrassenanlagen möglich wurden."[1]

Die kollektive Form des Eigenthums, die in allen Ländern, wo man Untersuchungen angestellt hat, vorgefunden wurde, hat sich mehr oder minder lange erhalten, je nachdem sich die kommerzielle und industrielle Entwicklung des betreffenden Landes gestaltete. Diese Eigenthumsform, die ein Produkt war der Zerstückelung des gemeinsamen Stammeseigenthums, sollte ihrerseits ebenfalls durch Zerstückelung aufgelöst werden zu Gunsten der Aus-

ein Leichtes ist, eine etwa bei ihnen sich zeigende Neigung zu Verbindungen zu ersticken. In Indien ist das der Fall. Mit fünfzigtausend Mann europäischer Truppen hält die englische Regierung ein Reich mit dreifach so großer Bevölkerung wie Rußland unter ihrer Gewalt. Die indischen, jeder Verbindung untereinander entbehrenden Dorfgemeinschaften bieten keine Widerstandskraft dar. Man kann sagen, daß die wahre Grundlage des despotischen Regierungssystems gerade das Kollektiveigenthum und die ihm entsprechende Gemeinde- und Familienorganisation bildet.

[1] R. A. Wallace, The Malay Archipelago. 1869, T. 1, p. 112.

bilbung des Privateigenthums der verschiedenen Mitglieder der aufgelösten Familie.

Die individuelle Form des Eigenthums, die dem Kollektiv= Eigenthum folgen sollte, war im Schoße des letzteren selbst heran= gewachsen. Das Haus und sein Garten, die eine Mauer und Hecke umgaben, waren unveräußerliches und absolutes Eigenthum der Familie; keine öffentliche Behörde hatte das Recht, die Schwelle der Eingangsthür zu überschreiten. Im Innern dieses Hauses be= saßen die einzelnen Mitglieder desselben, sogar die Sklaven, eigenes Vermögen, privates, von dem der Familie unabhängiges Eigen= thum. Dieses individuelle Eigenthum, das erworben wurde durch individuelle Leistungen seines Besitzers, konnte sehr beträchtlich sein: es bestand aus Sklaven, Vieh und allerhand beweglichen Gegen= ständen; das Recht, ein Vermögen zu besitzen, kam nur allmählich auf, denn ursprünglich konnte kein Familienmitglied individuell er= werben, alles, was es erwarb, gehörte rechtmäßig der Familien= gemeinschaft. Das Ackerland und Weideland, auf das die Familie erst nur das Nutznießungsrecht hatte, ging schließlich in das Privat= eigenthum derselben über, und als diese sich zersetzte, das heißt, als jeder erwachsene Mann, wenn er sich verheirathete, das ge= meinsame Haus verließ, um ein eigenes Haus einzurichten, erfuhr das Boden=Eigenthum das Schicksal des beweglichen Eigenthums, es wurde unter den Kindern vertheilt und damit persönliches Eigenthum.

Die Entwicklung von der kollektiven zur individuellen Form des Eigenthums hat sich außerordentlich langsam vollzogen, so langsam, daß in gewissen Ländern das Kollektiveigenthum ohne den Anstoß von außen Jahrhunderte hindurch nicht die geringste Aenderung erlitten hätte. Die auf dem Kollektiveigenthum beru= henden Dörfer bilden ökonomische Einheiten, d. h. sie finden inner= halb des eigenen Bereichs alles, dessen sie für das materielle und intellektuelle Wohl ihrer Bewohner bedürfen, andererseits finden sich im Rahmen derselben sehr wenig Elemente, die im Stande wären, Veränderungen zu bewirken. Alles geschieht dort nach der von den Vorfahren überkommenen und als kostbares Erbe fort= gepflanzten Ueberlieferung. Wenn demnach eine Dorfgemeinschaft es zu dem Grade industrieller und landwirthschaftlicher Entwicklung gebracht hat, daß sie den einfachen und natürlichen Bedürfnissen ihrer Bewohner zu genügen vermag, so scheint es, als ob es für sie keinen Anlaß zu Veränderungen gäbe. Nur durch die Berührung mit der Außenwelt wird sie in Bewegung gesetzt.

Der Ackerbau, der die Zerstückelung des Gemeineigenthums des Stammes zur Folge hatte, ist auch die Ursache der Zerstücke= lung des Kollektiveigenthums. In dem Maße wie die Bearbeitung des Bodens sich vervollkommnete, fingen die Bauern an zu merken,

daß mehr als ein Jahr nöthig war, um die Resultate aller Dün-
gungs- und Verbesserungsarbeiten einzuernten, die sie in den, bei
der Landvertheilung ihnen zugefallenen Boden gesteckt, und verlangten daher, daß die Aufteilungen, die zuerst alljährlich statt-
fanden, auf zwei, drei, sieben und auch mehr Jahre ausgedehnt
wurden. In Rußland sah sich die Regierung veranlaßt, in den
Epochen der Volkszählung die Landvertheilung anzuordnen, die
Bauern aber nannten dieselben „schwarze“, d. h., schlechte Landvertheilung, um anzudeuten, wie unangenehm sie den Familien war,
die sich schon daran gewöhnt hatten, sich als die Privateigenthümer
der bei der letzten Vertheilung erhaltenen Grundstücke zu betrachten.
Auch zeigt es sich, daß es das ackerfähige Land ist, an dem Ver-
besserungen vorgenommen werden, welches gewöhnlich den Anfang
machte, erst nach einer mehrjährigen Periode unvertheilt und schließlich dauerndes Familieneigenthum zu werden, während die Wiesen
jährlich vertheilt zu werden pflegen.

In den Dörfern mit Kollektiveigenthum sind alle Familienoberhäupter gleich, alle haben ein gleiches Recht auf Bodenzutheil-
ung, weil alle ursprünglich zum selben Clan gehörten. Fremde,
die sich bei ihnen niedergelassen haben, sei es als Handwerker, als
Flüchtlinge oder als Kriegsgefangene, haben nach Ablauf einer gewissen Aufenthaltsfrist und wenn sie das Bürgerrecht erhalten
haben, welches der früheren Aufnahme (Adoption) in den Clan
entspricht, gleich den ursprünglichen Bewohnern Anspruch auf die
Theilung. Diese Zulassung Fremder war lediglich unter der Bedingung möglich, daß das Dorf nur langsam an Bevölkerung zu-
nahm und Land im Ueberfluß zur Verfügung stand. Zu stark be-
völkerte Dörfer waren gezwungen, auszuschwärmen, Kolonien in
die Ferne zu entsenden und die Wälder der Umgebung auszuroden.
Uebrigens hatte jede Familie außerhalb einer gewissen Grenzlinie
das Recht der Urbarmachung und wurde während eines mehr oder
minder langen Zeitraums als Eigenthümerin des in Bearbeitung
genommenen Bodens betrachtet. Aber dieser Ausweg (der Ueberfluß an unbebautem Boden) hörte eines Tages für die am Meeres-
ufer oder an den Flüssen gelegenen Dörfer, die infolge ihrer günstigen Lage eine große Zahl Fremder anzogen, auf. In diesen
Dörfern, die sich in kleine Städte verwandelten, war das Bürgerrecht schwer zu erlangen, und mußten für das Recht der Niederlassung gewisse Abgaben errichtet werden.[1] Die Eingewanderten

---

[1] In seiner „Geschichte der Kommunalgüter bis zum 13. Jahrhundert“ (1856) zitirt Plivière eine Verordnung aus dem Jahre
1233, nach welcher jeder Fremde, der das Recht der Niederlassung
in Reims zu erhalten wünschte, an den Erzbischof einen Viertel-
sester (= 4 Liter) Hafer und eine Henne, an den Bürgermeister
acht und an die Schöffen vier Thaler entrichten mußte. Der Erz-

waren von den Landvertheilungen, der Benutzung der Gemeindegüter und der Verwaltung der Stadt ausgeschlossen. Diese Rechte
waren ausschließlich den eingesessenen Familien reservirt, die eine
privilegirte Kaste bildeten, eine Gemeinde= oder Munizipal=Aristo=
kratie, auf der einen Seite im Gegensatz stehend zur feudalen oder
Krieger=Aristokratie, auf der anderen Seite zu den zugewanderten
Handwerkern. Um sich gegen die fortgesetzten Scheerereien von
Seiten der städtischen Aristokratie zu vertheidigen, organisirten sich
die letzteren ihrerseits in gewerbliche Verbände (Innungen, Zünfte).
Diese Spaltung der städtischen Bevölkerung war während des ganzen
Mittelalters eine Ursache innerer Kämpfe.

Die Ungleichheit schleicht sich bereits bei den ursprünglichen
Familien ein. Oft findet man, daß eine Familie bei den Landvertheilungen mehrere Loose zuertheilt erhält, die andere Familien, als
Deckung für ihre Schulden, ihr abzutreten gezwungen sind. Dieser
Landschacher pflegte das Gleichheitsgefühl, das bis dahin die Mit=
glieder des kollektivistischen Dorfes immerdar beseelt hatte, tief zu
verletzen. In allen Ländern werden die Landwucherer mit Flüchen
überschüttet. Auf Java ist es verboten, zwei Erbtheile zu besitzen.
Jesaias ruft aus: „Wehe denen, die ein Haus an das andere ziehen,
und einen Acker zum anderen bringen, bis daß kein Raum mehr da
sei, daß sie alleine das Land besitzen." (Jesaias V, 8).

Aber einer der wirksamsten Faktoren, die Elend und Des=
organisation in die kollektivistischen Dorfgemeinden bringen, sind
die fiskalischen Erpressungen von Seiten der despotischen Regie=
rungen, die doch auf der Grundlage des Kollektiveigenthums be=
ruhen. Die Steuern werden zuerst in Naturalobjekten und im Ver=
hältniß zu den Ernteerträgen entrichtet, aber dieser Zahlungsmodus
paßt den Regierungen, die sich zentralisiren, bald nicht mehr, sie
verlangen Bezahlung der Steuern in klingender Münze, und ohne
Rücksicht auf den Ausfall der Ernten. Die Dörfer sind damit ge=
zwungen, sich an die Wucherer zu wenden, das Verderben der dörf=
lichen Kollektivgemeinschaften; diese schmutzigen Bestien, die die
Stütze der Regierung bilden, rauben sie auf das Schamloseste aus.
Sie verwandeln die Bauern in nominelle Eigenthümer, welche ihre
Aecker lediglich bebauen, um ihren Schuldverpflichtungen nachzu=
kommen, welche in dem Maße anwachsen als sie zahlen. Der Haß
und die Verachtung, die sie einflößen, ist tief und allgemein. Der
Feldzug gegen die Juden hat nur deshalb in Rußland so sehr die
Leidenschaften entfesselt und so viel Blutvergießen in den Dörfern

---

bischof ist der Feudalherr, die Abgabe ist verhältnißmäßig leicht,
während die an Bürgermeister und Schöffen, die zur Gemeinde=
oder Stadtaristokratie gehören, eine für die damalige Zeit sehr
schwere war.

herbeigeführt, weil der Bauer Jude und Wucherer als eins be=
trachtete. Viele rechtgläubige Christen, die der Beschneidung nicht
bedurft hatten, um den Landmann ebenso kahl zu scheeren, wie der
reinste Sohn Abrahams, wurden während der heftigen antijüdischen
Unruhen ausgeplündert und niedergemacht.

Diese verschiedenen Ursachen haben im Verein mit der Ent=
wicklung der Industrie und des Handels den Wucher mit dem Grund
und Boden und den dauernden Uebergang desselben in den Privat=
besitz einzelner Familien gefördert und gleichzeitig die Auflösung
der patriarchalischen Familie beschleunigt.

IV.

Das Feudal-Eigenthum.

Es giebt zwei Sorten von Feudal=Eigenthum: das eine besteht
aus Rechten auf Personen und Liegenschaften unter der Form von
Militär= oder Frohndienstbarkeit, Zehnten und Gefällen ꝛc., das
andere aus dem herrschaftlichen Besitzthum (Domäne).

Das Feudal=Eigenthum, von dem das kirchliche Eigenthum
nur eine Abart ist, bildet sich da, wo es auf natürlichem Wege ent=
steht, im Schooße des Kollektiveigenthums aus, es nimmt auf dessen
Kosten an Umfang zu, und endet nach einer Reihe aufeinander
folgender Umbildungen schließlich im bürgerlich = kapitalistischen
Eigenthum, der höchsten Form des individuellen Privat=Eigenthums.

Das Feudal=Eigenthum und die ihm entsprechende gesellschaft=
liche Organisation bilden den Uebergang vom Kollektivismus zu
dem bürgerlichen Individualismus. Das Eigenthum und sein Be=
sitzer haben noch nicht die bürgerliche Unabhängigkeit erreicht; das
Eigenthum ist noch nicht persönlich, es ist Familieneigenthum und
vererbt sich nach Sitte und Gesetz und untersteht Verpflichtungen,
die ihm einen Kollektiv=Charakter bewahren. Der Feudal=Eigen=
thümer ist an die Erfüllung von Pflichten gegen seine Lehensleute
und seine Leibeigenen gebunden.

Der Feudalismus ist seinem Wesen nach ein gegenseitiger Dienst=
vertrag; der Feudaleigenthümer hat seinen Besitz nur unter der Be=
dingung, daß er seinen Vorgesetzten wie seinen Untergebenen be=
stimmte Dienste leistet. Wenn der Feudalbaron den Schwur der
Treue entgegennahm, der die freien Männer, die ihn leisteten, zu
seinen Lehnsleuten machte, so verpflichtete er sich seinerseits,
sie gegen Alle und vor Allen zu beschützen, selbst auf Kosten
seines Vermögens und seiner Person, sowie ihnen verschiedene
andere Dienste zu leisten; der Hörige hatte dagegen als Gegen=

dienſt ſeinem Herrn in den Krieg zu folgen und ihm von ſeiner Ernte und ſeinen Heerden verſchiedene Naturalabgaben zu entrichten. Der Feudalbaron wieder verband ſich, um im Nothfalle Hülfe und Stütze zu finden, mit einem mächtigern Herrn als er ſelbſt war; er wurde der Vaſall eines der großen Lehensträger des Königs oder des Kaiſers.[1])

Jeder Herr ſchuldete ſeinem Obern militäriſchen Beiſtand; er war verpflichtet, ihm mit einer, der Ausdehnung ſeines Beſitzes entſprechenden Anzahl von Lehnsmannen in den Krieg zu folgen. Die gegenſeitigen Dienſte und Pflichten der Obern gegen die Untergebenen verbanden alle Mitglieder der Feudalgeſellſchaft, von dem hörigen Bauern bis zum König und Kaiſer hinauf. Das Kollektiveigenthum konnte nur die Einheit der Gemeinde hervor= bringen; der Feudalismus ſchuf ein provinziales und nationales Leben, indem er die Uebrigen autonomen Individuen und Gruppen unter der Form gegenſeitiger Dienſtleiſtungen vereinigte.

In der erſten Zeit des Feudalismus waren die Pflichten des Herrn gegenüber ſeinem bäuerlichen Lehnsmann zahlreich und be= ſchwerlich, aber im Laufe der Zeit wälzte der Feudalherr dieſe Pflichten nach und nach von ſich ab, während er dagegen die Frohnden und Zehnten, die urſprünglich der Preis für geleiſtete Dienſte waren, aufrechterhielt und noch ſteigerte. Nicht zufrieden damit, ſich der Feudalverpflichtungen zu erledigen, erhob der gnädige Herr auch Anſprüche auf den Grund und Boden ſeiner hörigen Bauern; er behauptete, daß der Boden urſprünglich ihm gehört habe, und daß er den Gebrauch deſſelben nur deshalb dem Lehnsmann abgetreten habe, um für ſeine entvölkerten Beſitzungen Bewohner heranzuziehen. Bürgerliche Geſchichtsſchreiber haben, von dem Wunſche geleitet, die bürgerliche Form des Eigenthum bis in die Feudalzeiten zurückzuführen, dieſer Behauptung des zum Para= ſiten gewordenen Abligen zugeſtimmt. Wir werden daher verſuchen, zu zeigen, wie das Feudaleigenthum ſich thatſächlich gebildet und allmählich umgeſtaltet hat.

* * *

Als die germaniſchen Stämme das weſtliche Europa überfielen, waren ſie Nomadenvölker, die ſich auf einer durchaus nicht weiter

---

[1]) In dem Rolandlied antwortet der tapfere, von den Sarazenen angegriffene Ritter ſeinem Waffengefährten Olivier, der ſich be= klagt, daß ihn Karl der Große im Stich gelaſſen habe: Für ſeinen Herrn muß man große Uebel erdulden und große Kälte wie große Hitze ertragen können. Man muß ſein Blut und ſein Leben für ihn laſſen. Wenn ich ſterbe, ſo wird derjenige, der Durandal, mein gutes Schwert, erhält, ſagen können, daß es einem edlen Vaſallen gehört hat."

vorgeschrittenen Stufe der Zivilisation befanden, als die irokesischen
Stämme zur Zeit der Entdeckung Amerikas. Die elementarste
Gleichheit regelte die Beziehungen unter den Mitgliedern eines
und desselben Stammes; sie waren alle Krieger und lebten von dem
Ertrag ihrer Heerden und eines noch in den ersten Anfängen stecken=
den Ackerbaues. Cäsar erzählt uns, daß als sie begannen, seßhaft
zu werden, sie, um das Waffenhandwerk nicht zu verlernen, fortge=
setzt Streifzüge unternahmen; ein Krieger von Ruf hatte nur
nöthig, bekannt zu machen, daß er auf Unternehmungen ausziehe,
und eine ruhm= und beutegierige Schaar von Kriegern strömte herbei
und stellte sich unter seine Führung. Auf solche zwanglose Art
und Weise organisirten die Skandinavier, wie überhaupt alle bar=
barischen Völker, ihre auf Unternehmungen ausziehenden Heere.
Diese Sitten haben sich während des ganzen Mittelalters erhalten;
um eine Armee gegen die Albingenser und Engländer anzuwerben,
hatten der Papst Innozent III. und Wilhelm der Eroberer nur
nöthig, die Vertheilung der Güter der Besiegten zu versprechen,[1]
und aus allen Winkeln Europas kamen Edelleute, Landsknechte und
selbst Handwerksleute herbei, lüstern nach Beute und Grund und
Boden. Die Kreuzzüge, die ganz Europa nach dem Orient und
Afrika warfen, wurden auf gleiche Weise organisirt; sie hatten als
Vorwand die Befreiung des heiligen Grabes und als Zweck Raub
und Plünderung.[2]

Wenn die Barbaren ein Land eroberten und sich in demselben
niederließen, so tödteten sie ein Theil der Einwohner und machten
die anderen zu Sklaven; zuweilen begnügten sie sich auch damit, die
Städte einfach auszuplündern und von dem Grund und Boden
Besitz zu nehmen, während sie die Eingeborenen nach ihnen eigenen

---

[1] Hier die Ausdrücke, in denen der Papst die Gläubigen zum
Kampf gegen die ungläubigen Albingenser anrief: „Auf denn,
Streiter Christi! Machet der Missethat ein Ende, mit allen Mitteln,
die Gott Euch offenbarte wird (er offenbarte ihnen nichts als
Brandstiftung, Mord und Plünderung). Verjagt den Herzog von
Toulouse, ihn und seine Vasallen, aus ihren Schlössern und beraubt
sie ihrer Besitzungen, auf daß rechtgläubige Katholiken sich auf den
Sitzen der Ketzer niederlassen. (10. März 1208.)

[2] Ein sehr berühmter bürgerlicher Oekonom, Herr von Molinari,
hat in seiner Unschuld die modernen Finanz=Unternehmungen mit
den im Mittelalter üblichen Expeditionen verglichen; er gestand,
ohne es selbst zu wissen, zu, daß sie blos die Plünderung zum Ziel
haben. Es besteht da indessen ein Unterschied; die Krieger des
Mittelalters spielten ihre eigne Person aus, die Kapitalisten jedoch,
die auf die 10 und 20 Prozent versprechenden Prospekte der Fi=
nanciers wie die Fliegen herbeischwärmen, setzen nichts aufs Spiel
als die Kapitalien, die sie nicht geschaffen.

Gewohnheiten und Gesetzen neben sich fortleben ließen. Damit, daß
sie seßhaft wurden und Ackerbau trieben, verloren sie nach und nach
ihre kriegerischen Gewohnheiten, aber kaum hatten sie sich friedlich
eingerichtet, so vielen schon andere Barbaren wie auf eine Beute
auf sie ein, und behandelten sie als besiegtes Land. Während
ganzer Jahrhunderte warfen sich dichte Massen von Barbaren auf
Europa, im Osten waren es die Gothen, die Germanen und die
Hunnen; im Norden und Westen die Skandinavier, im Süden die
Araber, sie zerstörten und brannten auf ihren Zügen Dörfer und
Felder nieder. Und wenn die barbarischen Ueberfälle ein Ende
nahmen, entfesselte sich eine andere Plage; Haufen von Bettlern und
Kriegern durchstreiften das Land, plündernd und brandschatzend.
Nach jedem Krieg verbündeten sich Soldaten der beiden feind=
lichen Heere und zogen für eigene Rechnung auf Unternehmun=
gen aus. [1]

Während ganzer Jahrhundete lebte man in Europa in ewiger
Furcht, ausgeplündert, getödtet oder in Sklaverei geführt zu werden.
Die Nothwendigkeit, in welche demgemäß sich die Menschen versetzt
sahen, sich zur Vertheidigung von Gut und Leben zu organisiren,
war eine der wirksamsten Ursachen der Bildung des europäischen
Feudalismus. Das bestgelegene Haus des Dorfes, das am besten
verbarrikadirte und am leichtesten zu vertheidigende wurde der be=
festigte Ort, in den sich die Bauern flüchteten, um den Eindringenden
Widerstand zu leisten; durch diesen Umstand besaß der Besitzer des
Hauses ein Privilegium. Nach und nach wurde sein Haus derart
befestigt, daß es zu einer Burg wurde, und die Bewohner rings=
herum zahlten ihm für das Recht, im Falle eines Angriffs ihre
Ernte und ihren Viehstand in seinen Schutz zu bringen und sich
dorthin zu flüchten, eine Abgabe; vielfach warb der Besitzer des
Hauses bewaffnete Mannen an, die sich unter seinen Befehl stellten
und jederzeit bereit waren, die Vertheidigung der Bauern der ganzen

---

[1] Nach der Schlacht von Poitiers, im Jahre 1356, vereinigten
sich die Soldaten der beiden Armeen, sintemalen sie außer Arbeit
waren, als Räuberbanden und führten auf eigene Rechnung Krieg.
Im Jahre 1360 waren nach dem Vertrag von Bretigny, der dem
König Johann, dem Gefangenen der Engländer, die Freiheit wieder=
gab, die Truppen beider Parteien verabschiedet worden; sie organi=
sirten sich alsbald als Banden und setzten den Feldzug fort. Eine
Bande operirte im Norden; eine andere, viel mächtigere, zog mit
Taillerand und Perigord an der Spitze die Rhone hinunter und
verwüstete die Provence. Sie kamen bei Avignon vorbei, wo der
Papst sie bewirthete, ihnen Absolution gab, um die sie sich nicht
weiter kümmerten, sowie ein Geschenk von 500 000 Livres: sie rissen
die Bäume und die Weinstöcke aus, brandschatzten und mordeten
die Einwohner.

Umgebung zu übernehmen, die ihrerseits die Kosten ihres Unterhalts trugen. [1])

Der Feudal=Adel war anfänglich eine Landwehr, die die Aufgabe hatte, das Land zu vertheidigen und die Einwohner zu schützen.

Kaum entstanden, wurde der Feudaladel sehr bald seinerseits eine Ursache von Unruhen in dem Lande, mit dessen Vertheidigung er betraut war. Die Feudalbarone begannen untereinander innere und anbauernde Kriege zu führen, und wenn die Gelegenheit sich bot, verwandelten sie sich in Räuber, plünderten das Land und brandschatzten die Städte. [2]) Um sich gegen ihre Angriffe zu schützen mußten die Bewohner der Städte und Dörfer sich um ihre Feudal=herren schaaren und so die Macht des Feudaladels, der sie bedrückte, noch vermehren.

Der Feudaladel weist noch andere Ursprünge auf, die ich jedoch in dieser Studie nicht zu untersuchen habe; so war der Adlige zuweilen im Anfange nichts als ein einfacher öffentlicher Beamter, eine Art Polizist, ein „Graffio", in dem barbarischen Latein der damaligen Zeit, dem es oblag, die Beschlüsse der Versammlungen oder des Raths der Bauern auszuführen, und der strenge bestraft wurde, wenn er die erhaltenen Aufträge nicht befolgte. Wenn er es zum Beispiel unterließ, einen Fremden, dessen Ausstoßung beschlossen worden war, auszutreiben, so wurde er zum Tode verurtheilt und

---

[1]) Zur Zeit des Tacitus hatten die Deutschen theilweise ihre ursprünglichen barbarischen Sitten bereits verloren; sie waren seßhaft geworden und trieben Ackerbau; in gewissen Stämmen, zum Beispiel bei den Katten, gab es Krieger, die ausschließlich sich dem Kriegs=handwerk widmeten. Sie zogen stets zuerst in den Kampf und nahmen die gefährlichsten Positionen ein. „Sie haben weder Häuser noch Aecker, noch sorgen sie für sonst etwas. Ueberall, wo sie sich zeigen, gibt man ihnen Nahrung." (Sitten der Germanen XXXI.)

[2]) Vitry, ein Legat Innocents des Dritten, der in Belgien und Deutschland (im Jahre 1208) den Kreuzzug gegen die Albingenser predigte, schrieb: „Die Herren hören, trotz ihrer Titel und Würden, nicht auf, auf Raubzüge auszugehen und das Handwerk von Dieben und Räubern auszuüben, wobei sie ganze Landstriche durch Feuers=brünste verwüsten. „Die Aufführung der geistlichen Herren war weder schlechter noch besser; der Erzbischof von Narbonne streifte am Ende des XII. Jahrhunderts mit seinen Domherren und Bischöfen das Land ab, sie jagten, raubten die Bauern aus und schändeten die Weiber. Er unterhielt in seinem Solde eine Bande von aragonischen „Routiers", deren er sich bediente, das Land zu brandschatzen. — „Die Bischöfe und die Aebte liebten sehr die weißen Frauen, den rothen Wein, kostbare Kleider und schöne Pferde, sie leben in Ueppigkeit, während Gott arm leben wollte", singt ein Troubadour.

konnte sich nur durch Zahlung einer Buße („Wehrgeld") von 200 Goldgroschen loskaufen. (Lex salica.) Dieses Amt hatten in der Republik Athen öffentliche, dem Staat gehörende Sklaven zu verrichten.

Aber worauf immer der Feudaladel seinen Ursprung zurückzuführen hatte, im Allgemeinen war der Adlige in der ersten Zeit nichts als ein Krieger, der keine höheren Rechte hatte als diejenigen seiner Stammesgenossen, die später seine Vasallen werden sollten. Dieser gleichartige Ursprung wirkte immer noch fort, als jede andere Gleichheit zwischen dem Adligen und seinen Lehensmannen bereits verschwunden war. Der Feudalherr war wie ihresgleichen in der Gemeindeversammlung, die unabhängig von seiner Einwilligung oder auch wider seine Weigerung, sie einzuberufen, zusammentrat. Sein Anrecht auf die Gemeindegüter war ebensowohl beschränkt wie das der übrigen Dorfbewohner, die Stückzahl des Viehes, das er auf dieselben zur Weide schicken durfte, genau festgesetzt.[1]

Er war in so geringem Maße privilegirt, daß, wie La Poix de Freminville, der im 18. Jahrhundert den Kodex der Gemeindegüter herausgab, mittheilt, „der (Feudal-) Herr, der nicht selbst Vieh zu eigen hat, kein fremdes einführen darf, gleichviel ob auf Grund von Vermiethung oder Verkauf oder auch nur von unentgeltlicher zeitweiliger Ueberlassung seines Nutzungsrechtes", — d. h. seines Rechtes, Vieh auf die Gemeindewiesen zur Weide zu schicken.[2]

Das kirchliche Eigenthum hatte einen ähnlichen Ursprung. In jenen abergläubischen und unruhigen Zeiten suchten die Menschen bei der Kirche einen Schutz für diese und für die andere Welt. Die Klöster waren befestigte Plätze, die regelrechte Belagerungen aushalten konnten, die Bischöfe Krieger, die oft das Meßgewand und das Kreuz ablegten, um sich den Harnisch umzuschnallen und die Lanze zu ergreifen. Manche, wie der Bischof von Cahors, legten, wenn sie das Hochamt abhielten, ihren Sturmhut, ihren Panzer, ihr Schwert und ihren Handschuh auf den Altar nieder.[3] Man

---

[1] In seiner interessanten Studie über die „Verhältnisse der Landarbeiterklasse in der Normandie vom 10. bis 13. Jahrhundert", 1856, zitirt Delisle Texte, die nachweisen, wie sehr das Recht der Herren auf die Gemeindegüter beschränkt war. So durfte ein Herr von Bricqueville auf den Gütern seiner Gemeinde nur zwei Ochsen und ein Pferd weiden lassen.

[2] La Poix de Freminville, Traité général du pouvernement des biens des communautées d'habitants. 1760.

[3] Roland sagt in Roncevaux vom Erzbischof Turpin, der tapfer gegen die Sarazenen focht: „Herr und Gefährte, seid Ihr nicht der Meinung, daß der Erzbischof ein sehr guter Ritter ist? Er weiß mit der Klinge und dem Spieß zu schlagen." Und die

unterstellte seine Güter und selbst seine Person der Kirche, um sie in dieser Welt zu sichern und in jener sich durch Gebete Gnaden zu verschaffen. Die Priester waren damals die einzigen Personen, die über einiges Wissen verfügten, und sie stellten es den Mitgliedern ihres Kirchspiels zur Verfügung, die sie dafür ihrerseits ernährten. Im heutigen Irrland sehen wir den niederen Klerus mit den Pächtern und Bauern, die ihn mit Unterhalt versehen, gegen die Großgrundbesitzer gemeinsame Sache machen. Der Klerus und der Adel waren beide zu ihrer Zeit nützliche Klassen, die als Gegenleistung gegen die Zehnten, die sie erhielten, nützliche geistige und materielle Dienste leisteten. Erst zur Zeit ihres Niederganges, da sie Parasiten geworden waren, haben sie unterdrückt werden können.

Die feudalen Gefälle erregen gewöhnlich die höchste Entrüstung der bürgerlichen Schriftsteller. Forscht man aber ihrem Ursprung und ihrer Entwicklung nach, von den Unbedeutendsten bis zu den Wichtigsten, so weisen sie alle denselben Doppelcharakter auf: zuerst sind sie die Bezahlung für geleistete Dienste, dann hört diese Dienstleistung auf, aber der adlige Herr, der ein Schmarotzer geworden, fährt fort, den Preis für dieselben einzustreichen.

Frohndienste. Der Feudalherr war im Anfang, wenn er nicht ein von einem Eroberer eingesetzter Kriegsführer war, gewöhnlich ein einfacher Gemeindebürger, der kein Vorrecht vor seinen anderen Gemeindegenossen besaß. Er erhielt bei den Landvertheilungen seinen Antheil, aber statt daß er ihn bearbeitete, verpflichteten sich die übrigen Gemeindemitglieder, es zu thun, um ihn in den Stand zu setzen, seine ganze Zeit der Vertheidigung der Gemeinde zu widmen. Haxthausen hat noch gesehen, wie der russische Edelherr den vierten oder den dritten Theil der dem Dorfe zugewiesenen Aecker erhielt, die er von den Bauern bearbeiten ließ. Latruffe Montmeylian sagt, daß in Frankreich „der den Herren von den Gemeindegütern zuertheilte Antheil je nach der Art der Rechte der Ortsangehörigen wechselte. Er betrug zwei Drittel, wenn die Bauern auf den herrschaftlichen Wald, und nur ein Drittel, wenn sie nur auf den Gemeindewald Nutznießungsrecht hatten."[1] Wenn der Feudalherr eigenes Land besaß, ob durch Eroberung, Schenkung oder sonstwie erlangt, so waren die Bauern gehalten, ihm eine gewisse Anzahl Arbeitstage zur Bebauung desselben zu widmen.

Zu jener Zeit, wo die Waaren-Produktion und der Handel noch nicht existirten, mußten die Feudalherren ebenso wie die Bauern

---

Franken sagen: „Er hat starken Muth. Mit dem Erzbischof ist das Kreuz in guter Hut. Möge es Gott gefallen, daß Karl der Große viele seinesgleichen erhalte." (Das Rolandslied.)

[1] Latruffe-Montmeylian. Des Droits des communes sur les biens communaux. 1825.

Alles, was ihre Bedürfnisse erforderten, selbst herstellen. In dem Feudalherrenhaus befanden sich Werkstätten aller Art zur Fabrikation von Waffen, Ackergeräthen, Geweben, Kleidern ꝛc. Die Bauern und deren Frauen und Töchtern mußten sich eine gewisse Anzahl von Tagen im Jahr dort einfinden, um zu arbeiten. Die Arbeiten der Frauen wurden von der Schloßherrin selbst geleitet, die dazu bestimmten Räume trugen den Namen „Geniciae". Die Klöster besaßen gleichfalls Werkstätten für Frauen.[1]

Die Zahl dieser, dem Herrn zu widmenden Arbeitstage war anfänglich nicht groß, so wurde dieselbe in Frankreich durch königliche Verordnungen für die Fälle, wo weder Vertrag noch Gewohnheit angezogen werden konnten, auf zwölf im Jahre fest angesetzt. Aber, wie Jean Chenu, ein Schriftsteller aus dem Anfang des 16. Jahrhunderts sagte, „die Herren haben sich eine solche Autorität angemaßt, daß sie sie (die Bauern) zu ackern, zur Weinlese, zum Mähen des Getreides und tausend anderen Frohndiensten anhielten ohne einen anderen Rechtstitel als die Furcht, von den Waffenknechten geschlagen oder aufgefressen zu werden." Nachdem im XIV. Jahrhundert der Friede im Innern des Landes mehr oder weniger gesichert war und nachdem die Anwendung des Schießpulvers, der die Ausbildung der Infanterie vorangegangen war, dem Feudalbaron alle nützlichen Funktionen als Vertheidiger seiner Lehnsleute und des Landes genommen, wurde der Adel bloßer Bedrücker.

Der „Zehnten", das heißt das Zehntel der Bodenprodukte, das zu Gunsten der Kirche von den Ernten der Gemeinen und des Adels erhoben wurde, war im Anfang eine freiwillige Abgabe, wie er es heute in Irland ist. Agobard, ein Erzbischof im 9. Jahrhundert, beklagt sich, daß man weit pünktlicher, als die geistlichen Zehnten, die jährliche Rente zahle, welche die Sturmbeschwörer („tempestarii") forderten, Zauberer, die die Macht besaßen, die Gewitter heimzusenden und die Unwetter abzuwenden. Aber aus einer fakultativen wurde der Zehnten eine obligatorische Abgabe, kraft des Feudalgrundsatzes, „kein Acker ohne Last, noch Zehnten." Er wurde in Domanialrecht umgewandelt und weltlichen Herren oder Aebten, die ihn weltlichen Herren verkauften, zuerkannt. Der

---

[1] In der Urkunde über eine im Jahre 728 durch den Grafen Eberhardt dem Kloster Morbach gemachte Schenkung ist von 40 Arbeiterinnen die Rede, die im Gyneceum arbeiteten. Diese weiblichen Arbeits-Werkstätten wurden sehr bald zu Harems für den Feudalherrn und seine Knechte, ja zu Stätten wüster Orgien, in denen die Herren und die Priester ihre Mägde und hörigen Frauen prostituirten; das Wort „geneciara" (Arbeiterin im Gyneceum) wurde gleichbedeutend mit Freudenmädchen. Man sieht, daß die modernen Bordelle einen durchaus aristokratischen und katholischen Ursprung haben.

Zehnten, der freiwillig bewilligt worden war, um sich die geistige Hülfe der Kirche zu sichern, endigte in einer bedrückenden Abgabe, die durch keine Gegenleistung gerechtfertigt war.

Das „Ernte=Bannrecht". Man hat früher angenommen, daß das Recht, welches der Herr besaß, den Tag zu bestimmen, an dem die Wiesen abgemäht, die Weinlese gehalten, das Getreide ge= schnitten werden sollte 2c., ein feudales war, indeß geht sein Ur= sprung auf die Epoche zurück, wo das Kollektiveigenthum noch be= stand. Wir hatten weiter oben gesehen, daß, um das urbare Land dem Vieh der Gemeinde überlassen zu können, der Rath der Aeltesten die Tage der verschiedenen Ernten festsetzte. Diese zu Nutzen aller Dorfbewohner eingeführte Sitte wurde ihres eigent= lichen Zwecks entkleidet, auf daß der Herr mit seinen Ernten Schacher treiben konnte. Der Herr setzte sich an die Stelle des Raths der Aeltesten oder beeinflußte dessen Entscheidungen und ließ die Proklamation des Erntebanns hinausschieben, um auf seinem Boden früher Ernte zu halten als die andern und dieselbe auf solche Weise zuerst und unter den günstigsten Bedingungen zu verkaufen.

Die Kirche, die im Laufe der Zeit ausschließliches Eigenthum Priesters geworden ist und dem Publikum außer während der Stunden des Gottesdienstes verschlossen ist, war gemeinsames Eigenthum des Priesters, der Herren und der Bauern. Für Chor und Altar zu sorgen, fiel dem Herrn und dem Pfarrer zu, deren Aufgabe es war, die Mauern, das Täfelwerk, den Fußboden, die Sessel des Chors, den Altar 2c. in Ordnung zu halten, während das Schiff den Bewohnern gehörte, die darin ihre Gemeindever= sammlungen abhielten und in dringenden Fällen sogar ihre Ernten dort aufbewahrten. Die Glocken gehörten gleichfalls den Dorfbe= wohnern, die sie läuten ließen, um ihre Versammlungen anzu= kündigen, sowie im Falle eines feindlichen Angriffs oder einer Feuersbrunst. Die Kirche war damals, was die Magazine der kommunistischen Stämme gewesen waren, in denen dieselben die Ernten aufbewahrten und die Geräthschaften der Gemeinschaft in Sicherheit brachten.

Die Bannrechte[1]). Wenn auch das Wort selbst feudal ist, so ist doch der Gebrauch, den es bezeichnet, ein kommunistischer. Zur Zeit der kommunistischen Dorf=Gemeinschaften wurden, wie wir gesehen haben, gewisse Aemter von Personen, die auf Kosten der Gemeinschaft lebten, ausgeführt. Dieses System bestand selbst dann noch fort, als die Gemeinschaften sich in Familienkollektivi=

---

[1]) Man versteht unter diesem Wort im Feudalrecht die zwangs= weise und an eine Abgabe gebundene Benutzung einer dem Feudal= herrn gehörigen Sache, wie eines Backofens oder eines Zuchtthieres.

täten auflösten, so daß, statt daß jede Familie ihren Ofen zum
Backen des Brodes hatte, der Ofen Gemeineigenthum des ganzen
Dorfes blieb und zwar aus ökonomischen Gründen, um den Verbrauch von Holz zur Heizung zu vermindern. Die Beaufsichtigung
und die Bedienung des Ofens ward dem Rath der Dorfältesten an-
vertraut und später dem Herrn, der in zahlreichen Fällen seine
Autorität an die Stelle der bei des von der Gesammtheit gewählten
Rathes der Alten setzte. Der Herr sollte das Holz liefern und
jedesmal, wenn die Bewohner sich des Ofens bedienten, eine Ab-
gabe erheben. So heißt es in einer vom Jahre 1223 datirenden
Verordnung Guilleaume Blanchesmains, Erzbischofs von Rheims,
daß „der Prälat der Bannöfen erhalten und für je 32 darin ge-
backene Brode ein Brod erheben soll“. Es gab damals in den
Dörfern Schmieden, Schlachthäuser, Mühlen, Zuchtthiere (Stiere,
Widder 2c.), die den Charakter von Bann=Gerechtigkeiten hatten.
Es versteht sich von selbst, daß solche Einrichtungen nur zu einer
Zeit bestehen konnten, wo die Waaren=Produktion noch nicht ent-
wickelt war; sie bildeten eine Fessel für den Handel und die Privat-
Industrie. Obwohl die Banngerechtigkeit eine kommunistische, ur-
sprünglich im Interesse Aller eingeführte Einrichtung war, fanden
die revolutionären Bourgeois sie von Feudalismus angesteckt und
schafften sie im Jahre 1790 ab, um sie zum Nutzen des bürgerlichen
Handels wieder herzustellen.

Wenn die feudalen Gefälle, so drückend und ungerecht sie zur
Zeit des Verfalls der Aristokratie geworden waren, ursprünglich
nützlich und freiwillig gewesen sind, so ist das feudale Grundeigenthum die Frucht von Gewalt und Betrug gewesen. Hauptsächlich
wurde es auf Kosten der Gemeindegüter vom Adel an sich gerissen.

Die Frohnden und Gefälle waren so maßlos angewachsen, be-
sonders seitdem der Adel aufgehört hatte, eine nützliche Rolle aus-
zufüllen, daß die Bauern, um sie abzulösen, darein willigten, dem
Herrn dafür einen Theil des Gemeindebodens des Dorfes abzutreten.
Bei diesen Landzessionen, hinter denen die Herren gierig her waren,
scheint es fast immer mit Schwindel hergegangen zu sein. Die
Adligen bestachen eine gewisse Anzahl Dorfbewohner, die sich dran
machten, auf eigene Faust eine Generalversammlung der Gemeinschaft abzuhalten, in der sie dann die Abtretungen beschlossen. So
findet man in Frankreich königliche Erlasse, die bestimmen, daß
keine Abtretung von Kommunalboden giltig sein solle, wenn sie nicht
in einer Versammlung aller Gemeindeeinwohner beschlossen worden sei.

Aber nicht immer nahmen die nach Gemeindegütern Lüsternen
ihre Zuflucht zu diesen jesuitischen Methoden, oft setzen sie sich mit
brutaler Gewalt in ihren Besitz. Im 16. Jahrhundert, wo sich das
industrielle und handeltreibende Bürgerthum rapid entwickelte,
warfen Adel und bürgerliche Spekulation gleichzeitig ihre Augen

auf die Gemeindeländereien. Die Städte vergrößerten sich, und um ihrem wachsenden Bedarf entsprechen zu können, mußte der Ackerbau seine Produktion erhöhen. Die Ausbildung der Landwirthschaft ward eine öffentliche Angelegenheit. Spekulanten ließen sich unter dem Vorwand, das anbaufähige Land vermehren zu wollen, von den königlichen Regierungen Anweisungen ausstellen, die ihnen das Recht zuertheilten, unbebautes Land in Anbau zu nehmen. Darauf erklärten sie, auch die Gemeindegüter zählten zum unbebauten Land und machten sich daran, sie den Bauern fortzunehmen, die sich aber mit den Waffen in der Hand zur Wehr setzten. Um den Widerstand der Bauern zu besiegen, mußten die Spekulanten die Hülfe der bewaffneten Staatsgewalt anrufen.

Die Adligen ihrerseits griffen, um sich der Güter des Dorfes zu bemächtigen, zu noch gemeineren Mitteln. Sie behaupteten, daß die Aecker, welche die Bauern in Besitz hatten, nicht ihrem Eigenthumstitel entsprächen, was vollständig stimmte, verlangten die Richtigstellung und konfiszirten den ganzen Ueberschuß für sich. Dann gingen sie wieder revolutionär vor. Sie vernichteten die Eigenthumstitel, die sie sich hatten übergeben lassen. Sobald der Titel verbrant war, konnte der Bauer seinen Besitzanspruch auf seinen Acker nicht mehr erweisen, derselbe blieb ohne Besitzer. Und — nach dem feudalen Satz „kein Grundstück ohne Herrn", bemächtigten sie sich des Bauernlandes. Die Autodafes von Eigenthumstiteln, welche die Bauern während der Revolution von 1789 veranstalteten, waren die Antwort auf die von dem Adel im 16. Jahrhundert vorgenommene Vernichtung von Grundtiteln.

Noch gewaltsamer war die Aneignung der Wälder vor sich gegangen. Ohne sich um die gesetzlichen Wische zu kümmern, hatten sich die Herren das Eigenthum an den Wäldern und Gehölzen zugesprochen. Sie verboten den Bauern, in denselben zu jagen, sowie die Ausübung ihres uralten Rechts, sich Holz zu Bau- und Heizzwecken aus denselben zu holen. Diese unrechtmäßige Beschlagnahme der Wälder, die ehedem Gemeineigenthum des ganzen Dorfes gewesen, riefen in Europa furchtbare Bauernaufstände hervor. Die „Jacquerien"[1]), die in der Mitte des 14. Jahrhunderts in den Provinzen Nord- und Mittelfrankreichs ausbrachen, wurden zum Theil durch die Anmaßung des Adels, den Bauern die Benutzung der Wälder und Gewässer zu verbieten, herbeigeführt.[2])

---

[1]) Der Name Jacquerie ist nach dem Spottnamen Jacques Bonhomme gebildet, mit dem die Adligen die Bauern belegt hatten.

[2]) Aehnliche Kämpfe brachen in Deutschland aus, der große deutsche Bauernkrieg, der namentlich in Schwaben tobte, und der in Elsaß-Lothringen ein blutiges Nachspiel hatte, wurde durch gleiche Eingriffe in das Recht der Benutzung von Wald und Gewässer eingeleitet.

Die Bauernaufstände zwangen die Herren vielfach zur Anerkennung der Nutzungsrechte der Bauern, die im Recht auf Fällen
von Holz zu Bauzwecken, auf Sammeln von Reisig zu Gehegen und
zur Heizung — welches Recht keine andere Grenze hatte, als den
Bedarf des Bauern — und im „Weiderecht" oder dem Recht bestanden, während des ganzen Jahres, ausgenommen den Monat
Mai, die Kühe, die Pferde, die Schweine, und manchmal auch die
Ziegen zur Weide schicken. Dieses Nutzungsrecht war so eingelebt,
daß La Paix de Freminville im Jahre 1760 erklärte, daß es, selbst
wenn der Bauer es nicht bracht, ihm nicht genommen werden
konnte, denn das Nutzungsrecht, „muß als immerwährend betrachtet
werden, und da es immerwährend ist, wird es ebensowohl für die
gegenwärtigen Bewohner bewilligt als für die, die ihnen in der
Zukunft folgen, und man dürfe selbst die, die noch nicht geboren
sind, nicht eines erworbenen Rechtes berauben." Aber die revolutionären Bourgeois von 1789 empfanden die Achtung des feudalen
Rechtsgelehrten für die Rechte der Bauern nicht, sie schafften sie
ab zu Gunsten der Grundbesitzer.

Wenn die Feudalherren sich vor den Nutzungsrechten der
Bauern beugen mußten, so erklärten sie dieselben als aus Gnaden
bewilligte Vergünstigungen, denn sie betrachteten sich als die Eigenthümer der Wälder, wie sie sich später als die Eigenthümer der
Landstücke ihrer Hörigen aufwerfen sollten. Wenn im Mittelalter
ein freier Besitzer eines „Allod" (Freigut) die Angelobung, das
heißt, den Schutz eines Mächtigen suchte, so brachte er ihm eine
Scholle seines Bodens und gelobte ihm Treue und Huldigung.
Nichtsdestoweniger blieb er Herr seines Feldes. Aber in vielen
Provinzen, zum Beispiel in der Bretagne, betrachteten die Herren
sich als die Besitzer des eigentlichen Grundes, das heißt des Bodens
unter der Oberfläche, und sprachen den Bauern nur das Eigenthum der Oberfläche, das heißt, an den Ernteerträgen, den Bäumen
und den Gebäuden zu.[1]) Solche gesetzlichen Fiktionen sind es, ge-
stützt auf die die Herren in der bürgerlichen Aera die Abkömmlinge
der Lehnsleute ihrer Vorfahren expropriirten. In Schottland
wurde der Raub von Bauerngütern noch in diesem Jahrhundert
mit einer solchen Brutalität fortgesetzt, daß er allgemeine Entrüstung hervorrief. Im „Kapital" erzählt Karl Marx u. A., wie
die fromme Herzogin von Sutherland die Bauern austrieb, deren
Väter für den Ruhm und die Größe ihres Hauses ihr Blut
vergossen.

Bis die bürgerliche Revolution das Privateigenthum an Grund

---

[1]) Obwohl im Großen und Ganzen die Dinge in Deutschland
sich ebenso entwickelten, sei doch daran erinnert, daß der Verfasser
hier vorzugsweise Frankreich im Auge hat.　　　　　　D. Uebers.

Boden hergestellt, unterstand der Grundbesitz, selbst der des
&, Nutzungsrechten, die ihm zeitweilig den Charakter des
...ateigenthums nahmen. Nicht nur mußten die Wälder, die der
...an sich gerissen, dem Vieh der Bauern offen bleiben, sondern
...ihre Felder; sobald die Ernte geschnitten war, wurden sie
...erum Gemeingut, und die Bauern hatten das Recht, ihr Vieh
...denselben weiden zu lassen. Selbst die Weinberge unterstanden
...em ähnlichen Nutzungsrecht. François de Neufchateau zitirt
...seiner „Voyage agronomique" (1806) eine im Jahre 1763 von
„Landwirthschaftlichen Gesellschaft" in Bern veröffentlichte
...schrift, in der Klage geführt wird, daß nach der Weinlese die
...ngärten den Hammeln offen bleiben sollen, um „wie auf einem
...weinbegut zu weiden". Aber nicht nur mußten die Grundbesitzer
...Vieh des Dorfes auf ihren Ländereien weiden lassen, sie hatten
...nicht einmal das Recht, sie nach eigenem Ermessen zu bebauen;
...mußten sich den Anordnungen des Raths der Gemeindeältesten
...en, und um Weinpflanzungen anzulegen, bedurften sie einer
...iglichen Erlaubniß. Diese Erlaubniß wurde, wenige Jahre vor
...französischen Revolution, zur größten Entrüstung der Oekonomen
...ontesquieu verweigert. Der Grundbesitzer hatte nicht das Recht,
...en Boden unbebaut zu lassen, denn eine 1693 erlassene könig=
...e Verordnung Ludwig des Vierzehnten ermächtigt in dem Falle,
...die Eigenthümer ihre Felder nicht selbst bebauen, „jedermann,
...ihnen zu säen und die Frucht einzuernten."
Der feudale Grundbesitz war nichts weniger als frei. Nicht
...war er mit Servituten belastet, sondern er war auch an die
...milie gebunden. Sein Besitzer konnte nicht nach Belieben darüber
...ügen, er war nur ein Nutznießer, der die Aufgabe hatte, es an
...en Nachfolger abzuliefern. Die Kirchengüter hatten denselben
...arakter, aber statt einer Familie zu gehören, waren sie das
...genthum (Erbe) der Armen und der Kirche, der großen katho=
...en Familie. Die Aebte, die Mönche und die Priester, die sie
...er sich hatten, waren nur ihre sehr ungetreuen Verwalter.
...Was die liberalen und die bürgerlichen Oekonomen beim Feu=
...eigenthum am heftigsten bekämpft haben, sind gerade die Servi=
...en (an das Grundeigenthum geknüpfte Verpflichtungen), die ein
...erbleibsel des ursprünglichen Kommunismus waren und den
...dleuten einen gewissen Wohlstand verschafften. Kaum aber
...te das bürgerliche, bezw. das Privateigenthum das Feudaleigen=
...m abgelöst, so war es auch mit diesem Wohlstand vorbei.
...Die Verherrlicher der Revolution von 1789 rühmen ihr nach,
...sie sei für die Bauern ein Segen gewesen, während sie sie im
...Gegentheil ohne jede Gegenentschädigung ihrer jahrhundertealten
...Rechte beraubte und sie den Wucherern und der tödtlichen Kon=
...kurrenz der Großgrundbesitzer und kapitalistischen Pächter preisgab

Das schließliche Ergebniß der bürgerlichen Revolution ist die Noth-
lage, die in allen kapitalistischen Ländern vor sich gehende Enteignung der Bauern. Um die theils irrigen, theils absichtlich ver-
logenen Angaben der bürgerlichen Geschichtsschreiber über das Loos
der Ackerbauern in der Feudalzeit und über das Glück, das die
bürgerliche Revolution ihnen gebracht, zu zerstreuen, braucht man
nur die Arbeitsbedingungen des Ackerbauers im Mittelalter mit
der des heutigen Ackerbauers zu vergleichen. Die Forschungen,
welche unermüdliche Gelehrte seit mehr als 50 Jahren in Kloster-
bibliotheken und städtischen Archiven gemacht, haben hinreichend
Dokumente ans Licht gefördert, um solchen Vergleich zu ermöglichen.

L. Delisle weist in seiner bereits angeführten, sehr bemerkens-
werthen Untersuchung über die Lage der ländlichen Bevölkerung in
der Normandie nach, daß der (Feudal-) Herr an die Chancen des
Landbebauers gebunden war, denn die ihm zu zahlende Rente
wurde nach dem Ausfall der Ernte berechnet. So lieferten die
Pächter der Mönche von St. Julien de Tours die sechste Garbe,
anderswo sogar nur die zehnte oder die zwölfte ab. In der ganzen
bürgerlichen Welt wird man keinen Grundeigenthümer finden, der
sich mit dem zwölften, selbst keinen, der sich mit dem sechsten Theil
des auf seinem Grund und Boden Geernteten begnügte. Und diese
Bedingungen waren keineswegs Besonderheit einer Provinz, man
findet sie auch in Südfrankreich, wie z. B. in Moissac. Aus Akten-
stücken aus den Jahren 1212 und 1214 ersieht man, daß die Mönche
der Abtei von Moissac ihre Ländereien Bauern zur Bewirtschaf-
tung übergaben und für sich ein Drittel, ein Viertel und selbst nur
ein Zehntel der Ernte in Anspruch nahmen. Lagreze-Fossat, der
diese Akten studirt hat, bemerkt, „die Bauern verhandelten in freund-
schaftlicher Weise mit den Mönchen, und die Erhebung der für die
Letzteren bedungenen Erträge hatte nichts von einem auferlegten
Tribut. Die Höhe derselben wurde vorher ausgemacht und aus
freiem Entschluß bewilligt."[1] Als man in der Normandie noch
Weinbau trieb — im 11. und 12. Jahrhundert — erhoben die
Eigenthümer nur die Hälfte der Lese, die andere Hälfte gehörte
den Winzern. Heute bekommen in Weingegenden die Arbeiter kaum
den Wein zu kosten, den sie bauen.

Guerand hat das Rechnungsbuch der Abtei von St. Germains
des Prés entdeckt und herausgegeben, ein kostbares Dokument, das
von der Zeit Karls des Großen her datirt, und uns das Leben
der hörigen und freien Bauern des 9. Jahrhunderts vorführt. Die
Ländereien der Abtei wurden zur Bebauung vergeben, jedoch nicht

---

[1] A. Lagreze-Fossat „Etudes historiques sur Moissac."
Moissac ist eine kleine Stadt im Departement Tarn et Garonne,
die im Mittelalter eine gewisse Bedeutung hatte.

an einzelne Perſonen, ſondern an Bauerngemeinſchaften von 20 bis
80 Perſonen, und die Abgaben, die die Bauern dafür zu entrichten
hatten, würden von einem Pächter unſerer Tage als lächerlich
betrachtet werden.

Die Ländereien der Abtei wurden in drei Kategorien eingetheilt: die Manses ingenuiles oder die Aecker der Freien, — dies
waren die zahlreichſten — die Manses lediles oder die Aecker der
Lètes (deutſch Liten oder Leute), der Kolonen, und die Manses
serviles oder Aecker der Hörigen bezw. Leibeigenen. Zu jener Zeit
war es der Boden, der die Eigenſchaften beſaß, er war entweder
Herrenboden oder Boden der Hörigen. Guérard hat berechnet, daß
die Bauern an Produkten und Arbeitsleiſtungen für die Hektare
Land nach heutigem Gelde folgende Abgaben entrichteten: 18 Franken
für freies, 27 Franken für Kolonen- und 34 Franken für Hörigenland. Die Geſammtheit der auf dem Landbeſitz der Abtei beſchäf-
tigten Ackersleute ſammt Familien belief ſich auf die erhebliche
Zahl von 10,026, von denen die Meiſten, nach ihren Namen zu
ſchließen, Germanen waren. Die den Bauern der Abtei geſtellten
Bedingungen dürften, wofür ihre große Zahl ſpricht, die Regel ge-
weſen ſein. Wohlan, wo iſt der Landman, der nicht ſofort bereit
wäre, ſeinen bürgerlichen Grundherrn des 19. Jahrhunderts gegen
die Mönche des 9. Jahrhunderts auszutauſchen und ein Stück
Hörigenland zu 34 Franken die Hektare zu übernehmen?[1]

Als die franzöſiſche Revolution von 1789 ausbrach, war es
dem Feudaleigenthum noch nicht gelungen, ſich der zahlreichen Verpflichtungen (Servituten) zu entledigen, die an ſeinen kollektiviſtiſchen
Urſprung erinnerten und es verhinderten, ſich zum Privateigenthum mit dem abſoluten Recht des Gebrauchs und Mißbrauchs zu
entwickeln.

IV.
Das bürgerliche Eigenthum.

Das Grund- oder unbewegliche Eigenthum trat, wie wir ge-
ſehen haben, zuerſt in der Form von Jagd- und Weidegründen und
ſelbſt von Ackerland als Gemeineigenthum des ganzen Stammes auf,
verwandelte ſich dann, als der Clan ſich in mutter- oder vaterrechtliche Familie auflöſte, in Kollektiveigenthum und wurde ſchließlich
individuelles Eigenthum, zugleich mit der Umwandlung der vater-

---

[1] Polyptika des Abtes Irminon oder Aufzählung der Manſes,
Leibeigenen und Einkünfte der Abtei von St. Germain des Prés
unter der Regierung Karls des Großen, herausgegeben von Guérard
im Jahre 1844. (Franzöſiſch.)

rechtlichen in die moderne Familie, die blos noch aus den bei[den]
Eltern und den Kindern besteht, und nur gelegentlich noch, als üb[er]
zählige Reste, die Großeltern und die Tanten oder Onkel enth[ält]
die kein Nest gefunden haben, und auf deren Erbschaft mit Un[ge]
duld gewartet wird.

Das bewegliche Eigenthum hat eine andere Entwicklung [ge]
nommen. Obwohl auch es zuerst in kommunistischer Form auft[rat]
nahm es doch schneller die individuelle Form an. Selbst bei d[en]
in kommunistischer Gemeinschaft lebenden Wilden werden Schm[uck]
gegenstände und Waffen als zum Individuum gehörig betrach[tet]
und häufig mit den Leichen derselben begraben.[1]

Die Arbeitswerkzeuge sind, so zu sagen, immer als individuelle[s]
Eigenthum dessen, der sie anwendete, betrachtet worden; selb[st]
während der Epoche der Sklaverei werden die Werkzeuge de[m]
Sklaven, der mit ihnen arbeitet, als eine Art Eigenthum überlasse[n]
Das individuelle Eigenthum am Arbeitswerkzeug ist die Konsequen[z]
seines persönlichen Charakters, und es besitzt diesen Charakter nu[r]
weil es klein ist, von geringem Werth und von einem Individuu[m]
zu handhaben. Von diesem Gesichtspunkt aus kann das Werkze[ug]
des Handwerkers vielleicht dem Acker des Kleinbauern verglich[en]
werden, der klein ist, von geringem Werth und durch ein Ind[i]
viduum, d. h. ihn und die wenigen Mitglieder seiner Familie, b[e]
trieben werden kann.

Das Grundeigenthum endet in seiner Entwicklung bis z[ur]
bürgerlichen Periode auf der einen Seite im kleinbäuerlichen Grun[d]
besitz, auf der andern im Feudaleigenthum. Der Ackerbau war d[er]
wirksamste Faktor dieser Entwicklung. Der Handel dagegen w[ar]
die Triebkraft der Entwicklung des beweglichen Eigenthums, d[es]
Eigenthums an Arbeitswerkzeugen und Industrieprodukten, da[s]
auf einem gewissen Grad der Ausbildung angelangt, auf da[s]
Grundeigenthum zurückwirkt und seine Umwandlung in bürgerlich[es]
Eigenthum beschleunigt.

In den kollektivistischen Dorfgemeinschaften produziren d[ie]
Bauern alles was sie brauchen (Brot, Fleisch, Wolle, Leinen rc.[)]

[1] Die Unsterblichkeit, diese, wie Engels sagt, „langweilige[
Idee, die die Menschheit so geplagt hat, ist von den Wilden e[r]
funden worden. Wie dieselben ihren Körper mit einer Seele, od[er]
vielmehr einer doppelten Seele ausstatten, die sie während de[s]
Traums und mit dem Tode verläßt, so gaben sie auch den Thiere[n]
den Pflanzen und selbst den unbelebten Gegenständen eine Seele[
die getrennt von ihnen ihr Dasein führen kann. Beim Bestatte[n]
der Krieger z. B. zerbrachen sie deren Waffen und tödteten dere[n]
Thiere, damit sie sich der Seelen derselben in der andern Welt be[
dienen könnten.

Handwerker (Schmiede, Weber, Schneider ꝛc.) werden nur nach Maßgabe des Bedürfnisses aufgenommen. Meist in den letzten Häusern des Dorfes wohnhaft erhalten sie nach einer gewissen Aufenthaltszeit — ein Jahr und ein Tag in der Regel — Bürgerrecht, womit sie ihr Vieh auf die Gemeindewiesen schicken können und zu den Landvertheilungen zugelassen werden. Auf den Dörfern giebt es in der ersten Zeit nicht einmal einen Austausch von Produkten; die Handwerker sind öffentliche Beamte im Dienste der Gemeinschaft, und werden durch eine jährliche Abgabe in Lebensmitteln entschädigt. Sie arbeiten nur auf Bestellung, und der Rohstoff wird ihnen geliefert. Wenn es angeht, arbeiten sie sogar im Hause des Bestellers. Selbst wenn sie aufhören, öffentliche Beamte zu sein, wird ihre Arbeit zuerst noch weiter in Naturalgegenständen (Getreide, Getränke, Geflügel ꝛc.) bezahlt; wenn sie Aecker besitzen, bewirthet man dieselben für sie als Entschädigung für ihre Stellmacher- oder Weberarbeit, mit einem Wort, man entschädigt sie mit Naturalabgaben und Frohnden, wie einen Krieger für seinen Dienst als Landesvertheidiger. Diese urwüchsige Form der Industrie dauert fort, so lange die Dörfer klein bleiben und die Kollektivform des Grundbesitzes beibehalten.

Die an den Kreuzungspunkten der von den Handelskarawanen benutzten Wege, an den Flußmündungen oder am Meeresstrand gelegenen Dörfer gestalten sich zuerst um; es bilden sich in ihnen zeitweilige Märkte, für die die Handwerker arbeiten. Ueberall wo die Handwerker Mittel finden, ihre Produkte abzusetzen, nimmt ihre Zahl zu. Statt zurückgewiesen, oder nur mit Schwierigkeiten aufgenommen zu werden, werden sie herangezogen, und da die Bevölkerung dieser zu Burgflecken und Städten gewordenen Dörfer, die sich aus in verschiedene Berufe spezialisirten Handwerkern zusammensetzt, gegenseitig ihrer verschiedenen Arbeitsprodukte bedürfen, so bildet sich in ihnen ein immerwährender Markt aus unter den Bewohnern, die ihre Produkte miteinander austauschen und sie an den Tagen der Messen an die umherziehenden Handelsleute verkaufen.

Die Industrie verändert damit ihren Charakter: der Handwerker emanzipirt sich von seinem Kunden. Er wartet nicht mehr, bis dieser ihm Rohstoff bringt, um ihn zu bearbeiten; er kauft ihn und speichert ihn in seinem Laden auf. Er fängt an, nicht ausschließlich auf Bestellung, sondern im Hinblick auf den möglichen Absatz zu produziren. Seiner Eigenschaft als Produzent gesellt er die des Händlers hinzu. Er kauft den Rohstoff und verkauft ihn, sobald er bearbeitet ist. Er vergrößert seinen Laden und läßt sich durch Lehrlinge und Gesellen helfen. Um den Rohstoff kaufen und die Löhne seiner Gesellen bezahlen zu können, die unter seiner Leitung neben ihm arbeiten, in seinem Hause wohnen und an

seinem Tisch essen, muß er Vorschüsse besitzen, aber noch in so be=
scheidenem Umfange, daß sie die Bezeichnung als „Kapital" im
modernen Sinne dieses Wortes noch nicht verdienen; immerhin sind
diese Vorschüsse Kapital im embryonären Zustand.

Das Wachsthum der Bevölkerung in den Dörfern machte es
im Mittelalter allmählich unmöglich, den Neuhinzugekommenen die
Benutzung der Gemeindegüter zu gestatten und namentlich, sie an
den Landvertheilungen theilnehmen lassen. Die Aecker des Dorfes
blieben das ausschließliche Eigenthum der Ureinwohner, bezw. ihrer
Abkömmlinge, die ein kommunales Patrizierthum bildeten, während
sich gleichzeitig für die Bedürfnisse der Vertheidigung die Feudal=
aristokratie ausbildete. Die städtische Aristokratie hat sich bis auf
die neueste Zeit in gewissen Städten der schweizerischen Demokratie
erhalten. Im Elsaß sind diese städtischen Aristokraten in unserem
Jahrhundert Großindustrielle geworden.

Um dem Despotismus der Patrizier Widerstand zu leisten, die
den Grund und Boden und die öffentliche Gewalt der Gemeinde
monopolisiren, organisirten sich die Handwerker in Berufsvereini=
gungen, die im Anfang auf dem Grundsatz der Gleichheit beruhten
und allen Handwerkern des Orts bei gleichen Rechten und gleichen
Pflichten offen standen. Diese Handwerksverbände vertheidigten
ihre Angehörigen nicht nur gegen das Patrizierthum, sondern
schützten sie auch vor der gegenseitigen Konkurrenz. Der Markt,
auf dem sie ihre Produkte absetzten, bekam eine große Bedeutung.
Da er auf die Bewohner der Gemeinde und auf die auf den Messen
sich einfindenden umherziehenden Händler beschränkt war, mußten
die Vorstände der Berufsorganisationen (Innungen, Zünfte) Maß=
regeln dagegen treffen, daß er nicht mit einer zu großen Anzahl
von Produzenten und einer zu großen Masse von Produkten über=
schwemmt wurde. Die Korporationen schlossen sich ab, die Zahl
der Berufsgenossen, die Mitglieder werden und, was davon abhing,
ein Geschäft in der Stadt eröffnen durften, wurde beschränkt, ebenso
die Zahl der Gesellen, die der Zunftmeister anstellen, und die
Menge der Waaren, die er produzieren durfte. Damit die Ueber=
wachung durch die Zunftvorstände (Syndikusse) wirksam bewerk=
stelligt werden konnte, mußten die Meister bei offenen Fenstern und
Thüren, hier und da sogar auf der Straße arbeiten. Jede Zunft
hatte ihre Spezialität, auf welche ihre Mitglieder sich streng zu be=
schränken hatten. So durften zum Beispiel die Schuhmacher nur
neue Schuhe anfertigen, alles, was Flickarbeit an alten Schuhen,
Versohlen 2c. betraf, war ihnen verboten und war rechtmäßiger An=
spruch der Zunft der Schuhflicker.

Der Absatz wurde ebenso eifersüchtig geschützt wie die Pro=
duktion. Auf der Messe durfte der Verkäufer den Käufer nur
während derselbe vor seinem Stand vorbeiging, zum Kaufen an=

locken, aber von dem Moment, wo er an demselben vorbei war, gehörte er dem nächsten Verkäufer, der erste hatte weder das Recht, ihn anzurufen, noch auch nur, mit dem Anbieten seiner Waare fortzufahren. Diese zahlreichen und bis ins Kleinste gehenden Regeln zeugen für die wichtige Rolle, die der Markt bereits spielte. Mit seinem weiteren Wachsthum verändert er später die Produktionsweise und alle ihr entsprechenden sozialen Beziehungen.

Die handwerksmäßige Produktion schloß folgenden Widerspruch in sich: während der Handwerker ein synthetischer Arbeiter war, der in seiner Person die geistigen und rein mechanischen Verrichtungen seines Berufs vereinigte, waren die Produktion und die Produktionswerkzeuge über das ganze Gebiet hin verbreitet. Jede Provinz, jede Stadt, jeder Burgflecken, ja jedes Herren- und Bauernhaus produzirten die für ihre Bewohner erforderlichen Lebensmittel und Zubehör und verkauften nur den Ueberfluß, wie sie nur einige Luxusgegenstände kauften. In Bezug auf ihre Verbrauchsgegenstände waren die Gemeinden und Provinzen des Mittelalters ökonomisch unabhängig. Sie konnten infolgedessen ein isolirtes Dasein führen und ebenso viele kleine Staaten bilden, die gewöhnlich im Krieg mit einander lagen.

Die dieser überallhin zerstreuten Produktion entsprechenden Wirthschaftsbegriffe laufen darauf hinaus, die geschilderte Autonomie noch zu verstärken. Die Landwirthschaftslehrer, welche die ökonomischen Theoretiker der Feudalzeit waren, empfehlen den Eigenthümern, alles auf ihrem Boden zu produziren, um nichts von draußen kaufen zu müssen. Wie wir gesehen, hatten die Feudalherren in ihrer Burg Werkstätten, in denen alles Mögliche hergestellt wurde, u. A. auch die Waffen. Diese Theorie bestand noch fort, nachdem die Erscheinungen, die sie ins Leben gerufen, längst verschwunden waren. Als man im 16. Jahrhundert die Seidenindustrie aus Italien nach Frankreich verpflanzte, suchte die königliche Regierung, statt sie in der Gegend zu konzentriren, wo sie Aussicht hatte, zu gedeihen, über alle Provinzen auszudehnen. Man mühte sich ab, die Zucht der Seidenraupe in Gegenden einzuführen, wo es überaus schwer, wenn nicht unmöglich war, den Maulbeerbaum zu pflegen, dessen Blätter den Raupen zur Nahrung dienen. Während der Revolution von 1789 versuchte man, die Baumwollpflanze in Frankreich zu akklimatisiren, um keine Baumwolle mehr vom Ausland kaufen zu müssen. Die Versuche, sich von dem Tribut zu befreien, den man an die Kolonien zahlte, führten zur Entdeckung der zuckerbildenden Eigenschaft der Runkelrübe.

Als die Kriege von Burg gegen Burg durch das Verschwinden der besiegten Herren, deren Grundbesitz die Ländereien des Siegers vermehrte, beigelegt waren, und es möglich wurde, eine gewisse Sicherheit auf den Landstraßen herzustellen, konnte sich ein Handel von Stadt zu Stadt und von Provinz zu Provinz entwickeln, und es bildeten sich große Zentren von handwerksmäßiger Produktion. Die Stadt Gent, wo man Tuche aus hauptsächlich von England bezogener Wolle anfertigte, hatte im 14. Jahrhundert nahezu eine halbe Million Einwohner. Die Entwicklung des Handels untergrub die soziale Organisation der feudalen Stadtgemeinde.

In den Städten, die gewerblich prosperirten, wurden die Innungen der Handwerksmeister zu aristokratischen Körpern, in die man nur mittels des Privilegiums der Geburt, des Geldes oder königlicher Gunst oder nach sehr langer und kostspieliger Anwartschaft gelangen konnte. Wer nicht Sohn oder Verwandter eines Zunftmeisters war, mußte ein Lehrgeld fürs Erlernen des Handwerks erlegen, er mußte für die Aufnahme als Meister und außerdem für das Recht zahlen, das Gewerbe auszuüben. Die Innungen schlossen eine Reihe Handwerker aus ihrer Mitte aus, die nicht mehr für eigene Rechnung, sondern in den Werkstätten der Meister arbeiteten. Vordem hatte jeder Handwerker hoffen dürfen, auch seinerseits Meister zu werden und eine Werkstatt einzurichten, aber in dem Maße wie Handel und Industrie sich entwickelten, sah er die Verwirklichung dieser Hoffnung in die Ferne rücken. Aus den Zunftverbindungen ausgeschlossen und im Kampf mit ihren Meistern schaarten sie sich untereinander zusammen, und gründeten mächtige Gesellenverbindungen, die national und selbst international waren, während die Zünfte der Meister wesentlich lokal blieben. Die mit der Entwicklung der Industrie reich gewordenen Zunftmeister verbündeten sich mit den städtischen Patriziern, um den Gesellen die Spitze zu bieten, die ihrerseits oft von dem, auf die städtische und Handwerksaristokratie eifersüchtigen und sie um ihren Reichthum beneidenden Feudaladel aufgehetzt und unterstützt wurde. Alle Industriestädte des Mittelalters haben blutige Kämpfe zwischen Gesellen und Meistern zu verzeichnen.

Die Ende des 15. Jahrhunderts erfolgte Entdeckung des Seeweges nach Indien um das Kap der guten Hoffnung und Amerikas, welche das amerikanische Gold auf den europäischen Markt warf und den transozeanischen Handel ins Leben rief, führte zur Entwerthung des Grundbesitzes, gab den entscheidenden Anstoß zu der in den Städten am mittelländischen Meere sowie des Hansabundes und Hollands im Entstehen begriffenen bürgerlich-kapitalistischen Produktion und eröffnete die Aera der modernen Revolution.[1])

---

[1]) Man pflegt die Bezeichnung Revolution fast nur auf politische Ereignisse anzuwenden, wenn sie sich mit einem gewissen Lärm vollziehen, und legt den ökonomischen Vorgängen, die in ganz anderer Weise auf den Entwicklungsgang der Gesellschaften und die Existenzbedingungen der Menschheit revolutionirend einwirken, viel zu geringe Bedeutung bei. Die Sitten und Vorstellungen der

Die neuentdeckten Länder wurden ausgeplündert und lieferten Absatzgebiete für die Erzeugnisse der Industrie und selbst des Acker-baus. Es wurde Getreide, Käse, Wein 2c. nach Amerika ausge-führt. Die Schaffung überseeischer Märkte und die Einfuhr ameri-kanischen Goldes trugen mächtig dazu bei, die Manufaktur-Industrie zu entwickeln. Sie setzte Privatleute in den Stand, die nöthigen Mittel aufzuhäufen, um Manufakturen zu errichten, die anfangs nichts waren als große Handwerks-Werkstätten, und sich bloß durch die große Zahl der in ihnen beschäftigten Arbeiter und die Menge der in ihnen verfertigten Produkte auszeichneten. Da diese Manu-fakturen alle Satzungen der Zünfte der Handwerksmeister verletzten, so konnten sie nicht in den Städten errichtet werden, sie mußten sich in die Vororte der Städte flüchten, aufs platte Land oder in diejenigen Seestädte, die, weil neueren Datums, weder ein Gemeinde-Patriziat, noch Zunftorganisationen besaßen. In London und Paris durften sie zum Beispiel nur außerhalb der Befestigungs-mauer, in Westminster und Southwark, bezw. im Faubourg St. Antoine errichtet werden. Es waren durch den Kolonialhandel reich gewordene Kaufleute, die sie ins Leben riefen, und nicht die durch die Routine und die Zunftfesseln beengten Handwerksmeister. In neuerer Zeit haben wir gesehen, wie die Eisenbahnen nicht von den Leitern der Fahrpostgesellschaften, sondern von Finanzleuten er-baut und geleitet wurden.

Die Manufaktur, die der Zunftorganisation zu Leibe ging und die Zunftmeister ruiniren sollte, ward auch für den Arbeiter ver-derblich, dem sie anfänglich durch größere Regelmäßigkeit vermehrte Gelegenheit der Arbeit, sowie durch einen höheren Lohn Vortheil zu bringen schien. In die Manufaktur schlich sich die Arbeits-theilung ein. Das Handwerk wurde in seine verschiedenen Verrich-tungen zerlegt und jede derselben einzeln dargestellt. Die Fabikation einer Stecknadel wurde zum Beispiel in etliche zwanzig Verrichtungen eingetheilt und jede derselben Spezialarbeitern übertragen. Der Handwerker, der ehedem alle in sein Fach einschlagenden Arbeiten gekannt und sie abwechselnd ausgeführt hatte, wurde zum Theil-

---

Bauern haben sich in Europa Jahrhunderte hindurch trotz der Kriege, der Grenzverschiebungen, der Nationalitätenwechsel und der politischen Revolutionen unverändert erhalten. Ein englischer Anthropologe bemerkt, daß die abergläubischen Vorstellungen der Bauern in Europa eine auffallende Aehnlichkeit mit denen der Wilden haben. Das Landvolk hat sich erst seit Herstellung der Eisenbahnen aufzurütteln begonnen. Heutzutage haben die öko-nomischen Vorgänge eine so mächtige Herrschaft über Zeit und Raum erlangt, daß man Regierungswechsel fertig bringt, ohne das Pulver sprechen zu lassen. Es genügt, Abgeordnete sprechen zu lassen.

arbeiter sein Leben lang verurtheilt, nur eine spezielle Seite des Fachs auszuführen.

Der dem Handel und der Industrie zu Theil gewordene Anstoß beschleunigte das Anwachsen der Städte, die ihre feudalen Befestigungsmauern zerbrachen und sich über die sie umgebende Mark ausdehnte. Damit erhob sich nun eine neue ökonomische Schwierigkeit. Es galt, das Mittel auszufinden, diese neue städtische Bevölkerung zu ernähren.

Zur Zeit des Kollektiveigenthums existirte die Stadt noch nicht, selbst nicht als Wohnort der mit königlicher Macht bekleideten Kriegs-Obersten. Die merowingischen Könige reisten ebenso wie die indischen Fürsten mit einer mehr oder weniger zahlreichen Truppe Krieger von Ort zu Ort, gefolgt von Handwerkern verschiedener Berufe. Da, wo sie lagerten, erstand vorübergehend eine Stadt; sie lebten von den Tributen und Geschenken des sie umgebenden Landes. Das Fehlen von Fahrstraßen und die Schwierigkeiten des Verkehrs verhinderte jede dauernde größere Anhäufung von Personen; es war unmöglich, Nahrung für sie herbeizuschaffen. Die Feudalstädte, die nur auf die Ackerbauerzeugnisse ihrer nächsten Umgebung für ihren Unterhalt rechnen durften, waren dazu verurtheilt, nicht mehr als eine bestimmte Anzahl Einwohner zu zählen. Solange der Mangel an Landstraßen und die Unsicherheit der wenigen, die es gab, den Handel von Stadt zu Stadt schwer oder ganz unmöglich machten, dachte man nicht daran, sich gegen die Ausfuhr der Unterhaltsmittel zu versichern. Sobald aber die Verkehrsmittel sich vermehrten und verbesserten und man damit begann, Getreide aus einer Provinz in die andere zu transportiren, traf jede Stadt, jede Provinz Maßregeln, um das Hinausführen des Getreides aus ihrem Grenzbereich, sowie den wucherischen Aufkauf zu verhindern. Ueberall stößt man auf Satzungen, die vorschreiben, daß der Getreideverkauf auf dem Marktplatz und zu bestimmten Stunden stattzufinden habe; es ist ein Maximalpreis für dasselbe festgesetzt, die Menge, die man kaufen darf, ist begrenzt; bei Strafe der Konfiskation wird den Eigenthümern verboten, ihr Getreide länger als zwei Jahre aufzubewahren, ebenso wird es untersagt, das Getreide in der Scheune oder auf dem Halm vor der Ernte 2c. zu kaufen. Das Anwachsen der Städte und die Schwierigkeit, sich außerhalb ihres Distrikts Lebensmittel zu verschaffen, machten aus jedem Jahre schlechter Ernte ein Jahr der Theuerung, je nachdem der Hungersnoth. Die große Sorge der Gemeindebehörde war es, diese Theuerungen zu verhüten; sie bestellten Vorräthe, welche mindestens ausreichten, drei Monate lang die Stadt zu ernähren, und wachten darüber, daß jedes Jahr eine genügende Menge Boden mit Getreide bepflanzt wurde. Ein Edikt aus dem Jahre 1577 hat zum Gegenstand die Einschränkung der Weinpflanzungen in

Frankreich, die mehr und mehr zugenommen hatten, und bestimmt, daß für jede mit Wein bepflanzte Fläche eine doppelt so große Fläche dem Getreidebau gewidmet werden solle.

Der Ackerbau mußte, um den neuen Bedürfnissen zu entsprechen, sich weiter entwickeln; man machte neuen Boden urbar, man holzte die Wälder ab, legte die Sümpfe trocken und vergrößerte die Getreidefelder. In guten Erntejahren gab es Korn in solchem Ueberfluß, daß sein Preis nicht mehr lohnte und man somit gezwungen war, für seinen Abfluß zu sorgen. Alsdann gestattete man seinen Verkauf von Provinz zu Provinz und selbst seine Ausfuhr nach England und den Kolonien. Diese ökonomischen Freiheiten wurden jedoch nur zeitweilig gewährt, denn sobald das Getreide in einer bestimmten Oertlichkeit auf einen gewissen Preis gestiegen war, wurde seine Ausfuhr untersagt. Von 1669 bis 1683, in einem Zeitraum von 14 Jahren, wurde die Ausfuhr neunmal gestattet und für 6 Jahre untersagt.

Trotz dieser Maßregeln gelang es jedoch nicht, die örtlichen Theuerungen zu verhindern; oft machten sie dieselben vielmehr noch intensiver, indem sie die Ausfuhr des Getreides aus einer Provinz, die an demselben Ueberfluß hatte, verhinderten; denn die bedrohten Städte behielten das Korn, das mit einer anderen Bestimmung ihr Gebiet passirte, zurück, oder sie ließen es nicht durch, wenn sie seine Konkurrenz fürchteten. So mußte Colbert Zwang anwenden, um 25,000 Sack Getreide nach Paris gelangen zu lassen, die das Parlament von Bordeaux zurückhalten wollte. Zuweilen geschah es, daß eine Stadt an Theuerung litt, während 50 Meilen weiter Getreide in großem Ueberfluß vorhanden war. Der Handelsverkehr mit Wein, in Wolle ɔc. war ähnlichen Beschränkungen unterworfen: die Seehäfen, wie Bordeaux und Marseille, verhinderten, um ihre Weine besser verkaufen zu können, daß die Weine der benachbarten Provinzen Zugang zum Meere erhielten. Vor der Revolution von 1789 versuchten die letzten Minister des Königthums die Nutzlosigkeit und die Gefahren dieser Reglements darzulegen; sie hoben sie für eine Zeitlang auf, aber sie wurden alle Augenblick gezwungen, sie wieder herzustellen. Es bedurfte einer Revolution, um sie abzuschaffen und den Bauern ihre Privilegien zu nehmen, die das Grundeigenthum belasteten und die Entwicklung der Industrie hemmten.

Die Zünfte, die sich der Errichtung von Manufakturen in ihren Städten widersetzten, fürchteten vor Allem deshalb jede Neuerung, damit ja die industrielle Gleichheit unter den Zunftmeistern nicht dadurch vernichtet werde, daß man dem Einen einen Vortheil gestattete, dessen die andern nicht theilhaftig würden. Sie verboten jede Verbesserung und die Anwendung jeder neuen Methode. Argand, der Erfinder der Lampen, mit doppelter Luftströmung, die

die Leuchtkraft des Oels verdreifachten, wurde von der Zunft der
Klempner, die das ausschließliche Recht der Lampenfabrikation in
Anspruch nahm, vor dem Pariser Parlament verklagt. Die be-
druckten Leinenstoffe („Cissons") erlangten das Recht, zum Verkauf
zugelassen zu werden, nur dank der Protektion hoher königlicher
Beischläferinnen, wie der Pompadour, der Du Barry und der Marie
Antoinette. Die Handelskammern von Rouen, Lyon und Amiens
erhoben energischen Protest, sagten den Ruin der Industrie voraus
und bedrohten Frankreich mit Zusammenbruch, wenn die Fabrikation
dieser Stoffe gestattet werde.

Sobald aber einmal die feudalen Fesseln, welche die Entwicklung des Ackerbaus und der Industrie hinderten, gesprengt waren,
konnte das bürgerliche Eigenthum seine Entwicklung beginnen.

Der Grundeigenthümer erwirbt das Recht, seine Felder abzu-
schließen, die nun nicht mehr nach vollzogener Ernte der „Gemeinde-
weide" anheimfielen. Dieses Recht der Abschließung war eines der
wichtigsten, denn so lange es nicht bestand, konnte der Besitzer auf
seinem Boden keine andre Kultur versuchen als die der übrigen
Gemeindemitglieder, bei Strafe, seine Ernte dem Vieh zum Raub
fallen zu sehen. Es war denn auch eines der im Laufe des 18.
Jahrhunderts am hartnäckigsten verlangten Rechte. Die Gemeindegüter wurden da, wo man es konnte, getheilt, das heißt, den
Bourgeois ausgeliefert, denn die Gemeindebewohner, denen man sie
zutheilte, verkauften sie wiederum zu billigen Preisen. Diese Vertheilung, die man in philantropische und nach Freiheit klingende
Vorwände eingekleidet hat, war nur ein Mittel, den Kleinbauern
die Möglichkeit zu nehmen, Vieh zu halten, und sie eines Theils
ihrer Einkünfte zu berauben, um sie in Proletarier zu verwandeln.
Die Kirchengüter, die den Armen, denen sie gehörten, hätten zurück-
erstattet werden müssen, wurden auf die brutalste und zynischste
Art gestohlen, in Frankreich wie in England, denn die Bourgeoisie
ist überall von demselben Diebssinn beseelt.

Leopold Delisle sagt in der Vorrede zu seiner Geschichte der
Ackerbauklassen des Mittelalters: „Eine bedeutsame Thatsache ist
der stationäre Zustand, in dem unsere Landwirthschaft in acht
Jahrhunderten, vom zehnten bis zum neunzehnten, geblieben ist.
Fast alle Praktiken, die wir in den alten Urkunden beschrieben
finden, werden noch heute von unsern Landleuten beobachtet, so
daß ein Bauer des 13. Jahrhunderts viele unserer Bauerngüter
ohne große Verwunderung betrachten würde." Aber er würde sich
nicht auskennen, wenn er ein modernes Gut sehen würde, auf der
die Landwirthschaft kapitalistisch und mit Maschinen betrieben wird.

Eine auf wissenschaftlicher Grundlage betriebene Kultur hat
die Produkte vervollkommnet und den Ertrag des Bodens erhöht.
Die moderne Landwirthschaft ist Raubwirthschaft, sie erschöpft den

Boden sowohl durch die riesigen Ernten, die sie ihm entzieht, als durch die Ausfuhr derselben in die Ferne. Ihr Verbrauch in den Städten verhindert den „Kreislauf" der Materie, die früher vom Boden zu Mensch und Thier in Form von Fleisch, Korn, Obst, Gemüse überging und von diesen in Form der Exkremente zur Erde zurückkehrte. So lange der Verbrauch an Ort und Stelle vor sich ging, war der Kreislauf ein vollständig abgeschlossener gewesen; um seine Unterbrechung gut zu machen, ist man heute gezwungen, die Fruchtbarkeit des Bodens dadurch kürzlich wiederherzustellen, daß man ihn mit aus der Ferne, bis aus Südamerika und von den Napoleonischen Schlachtfeldern hergeholten oder chemisch hergestellten Düngmitteln überschüttet.

Die moderne Landwirthschaft erfordert die Aufwendung von sehr viel Arbeit. Aber in dem Maße, wie ihre Arbeitsansprüche stiegen, entzogen ihr die Industriestädte die Arbeiter und entvölkerten das platte Land. „Der Landwirthschaft fehlen die Arbeitskräfte" ist seit Jahrzehnten allgemeine Klage, und diese Noth an Menschen hat ihr das Mittel verschafft, Arbeit in Hülle und Fülle zu finden. Die Anwendung der Maschine in der Landwirthschaft wurde ein Gebot der Nothwendigkeit. Dieselbe kann jedoch nur auf ausgedehnten Ländereien vorgenommen werden, und so mußte die Konzentration des Grund und Bodens der landwirthschaftlichen Maschine und der wissenschaftlichen Bodenbewirthung vorangehen.

Im Jahre 1857 führte Léonce de Lavergne als Beispiel ein Landgut in der Oise an, auf dem man 500 Hektaren Runkelrüben baute und 8000 Hektoliter Weizen erntete, ferner ein Landgut im Pas de Calais, auf dem man 10,000 Hektaren Runkelrüben baute und 1000 Stück Großvieh aufzog. „Es gibt selbst in England nichts Großartigeres", rief er mit Stolz aus.[1]) Aber wie klein sind die Riesengüter Europas gegen die „Bonanzafarmen" der Neuen Welt.

Seit 1874 leitet ein wohlbekannter amerikanischer Landwirth, Herr O. Dalrymple, die Bewirthschaftung von sechs Grundstücken, die einer Kommanditgesellschaft gehören und 30,000 Hektaren bedecken. Er hat sie in Abschnitte von 800 Hektaren eingetheilt, die wiederum je in 3 Loose à 267 Hektaren zerfallen. Die 30,000 Hektaren werden von einer Armee von 600 militärisch organisirten Tagelöhnern bebaut; zur Erntezeit miethet die Zentralverwaltung 500 bis 600 Hilfsarbeiter, die sie auf die verschiedenen Abschnitte vertheilt. Sind die Herbstarbeiten beendet, so werden die Leute verabschiedet, ausgenommen die Vorarbeiter und je 10 Mann pro Abschnitt. Auf gewissen Farmen Dakotas und Minnesotas überwintern die Pferde und Maulesel nicht auf ihren Arbeitsstätten.

---

[1]) L. de Lavergne, L'Agriculture et la Population. 1857.

Sind die Stoppeln wieder da, so schiebt man sie in Koppeln von 100 bis 200 Paaren 1000 und sogar 1500 Kilometer südlich, von wo sie erst im Frühjahr zurückgekommen. Maschinenarbeiter zu Pferde begleiten die Arbeit der Pflüge, der Säe- und Mähmaschinen. Bei der geringsten Störung ist ein Maschinenarbeiter im Galopp zur Stelle, um die Maschine zu repariren und wieder in Gang zu setzen. Das Getreide wird von Dreschmaschinen gedroschen, die Tag und Nacht arbeiten; sie werden mit Bündeln Stroh geheizt, die vermittelst Röhren von Schwarzblech in die Oefen geschoben werden. Das auf mechanischem Wege gedroschene, geschüttelte, gewogene und in Säcke gethane Getreide wird auf die, die Farm entlang gehende Eisenbahn und dann weiter nach Duluth oder Buffalo gebracht. Jedes Jahr erweitert Herr Dalrymple seine Getreideländereien um 2000 Hektaren; sie umfaßten im Jahre 1880 zehntausend Hektaren.

Gleichzeitig damit, daß die Bourgeoisie den Bauern die Gemeindegüter und ihre feudalen Rechte nahm, legte sie ihnen Geld- und Blutsteuern auf und überlieferte sie sie den Wucherern, die sie in bloße Nominaleigenthümer verwandelten, sowie der Konkurrenz der Großgrundbesitzer und der Farmer Amerikas und Indiens. Diese Ursachen und noch andere dazu halfen den Bauer zu enteignen und in einen Proletarier zu verwandeln. Wie man in Amerika die kapitalistische Bewirthschaftung des Bodens in ihrer höchsten Entwicklung findet, so findet man dort auch das Ackerbauproletariat in seiner höchsten Entwicklung vor.

Die landwirthschaftliche Bevölkerung der Ackerbaustaaten der Union kann in vier große Kategorien eingetheilt werden: 1. die Tagelöhner oder Landproletarier; 2. die Kleinfarmer (Bauern mit eigenem Gut und Meiereipächter); 3. die grundbesitzenden Farmer, die ihr eigenes Land bewirthen; 4. die kapitalistischen Farmer, große Landwirthschaftsunternehmer, deren Gegenstück man in Europa nur in gewissen Distrikten Rumäniens und Südrußlands vorfindet. Die große Masse der Taglöhner setzt sich aus Proletariern zusammen, die nicht einen Zoll Erde, nicht eine Hütte von Lehm und Stroh, nicht einmal das Lager, auf dem sie sich betten, noch selbst die Löffel, mit denen sie essen, ihr eigen nennen. Sie sind die Verwirklichung des Ideals eines, jeden Privateigenthums entbehrenden Arbeitsthieres. Außer dem, was sie direkt, in Form von Nahrung und Kleidung, an sich nehmen, besitzen sie nichts. Sie haben keine feste Wohnung auf dem Lande, das sie vielmehr nach beendeter Arbeit verlassen, um in den Städten Unterkunft zu suchen. Sie werden pro Tag, pro Woche, pro Monat gemiethet. Die Direktoren der kapitalistischen Farmen rekrutiren sie allerorten, auf den Dörfern und in den großen Städten; sie miethen sie für die Wirthschaftskampagne, organisiren sie unter Führern und Unterführern und befördern sie auf ihre Ländereien. Sie werden einquartirt, erhalten Nahrung, Arzt 2c. und monatlich ihren Lohn. Sie werden in richtige landwirthschaftliche Bataillone organisirt und unterstehen einer militärischen Disziplin; sie verlassen das Bett, essen, arbeiten und legen sich nieder — alles zur bestimmten Zeit. Während der Wochentage dürfen sie sich keine alkoholischen Getränke verschaffen, nur am Sonntag ist es ihnen gestattet, solche in den Wirthshäusern der umliegenden Dörfer zu trinken. Nach den Herbstarbeiten werden sie entlassen; den Winter hindurch hält man nur wenige Menschen auf der Farm, die das Vieh und die Geräthe in Stand zu halten haben. Die übrigen kehren in die Dörfer und Städte zurück, diejenige Arbeit zu verrichten, die sie gerade finden.

Die Umwandlung des Grundeigenthums, seiner Bewirthschaf- tungsart und seiner Bevölkerung war eine nothwendige Folge der Umgestaltung, welche das industrielle und Kapitaleigenthum er- fahren. Um der Industrie die Menschen und das Geld zu liefern, deren sie für ihre Werkstätten und riesenhaften Arbeiten (Eisen- bahnen, Durchstich der Berge 2c.) bedurfte, die ihres Gleichen nur in den großartigen Werken der Epoche des Dorfkommunismus haben, mußten die Dörfer sich entvölkern und die heimlichen Kästen sich leeren, in denen die Bauern ihre Ersparnisse versteckt hielten.

In den früheren Epochen produzirten alle Gesellschaftsmitglieder, eine verschwindende Minderheit von Abligen, Kriegsleuten, Priestern und Handwerkern ausgenommen, ihre Nahrung durch Bebauung des Bodens selbst. In der bürgerlichen Aera werden immer größere Bruchtheile der Bevölkerung der Thätigkeit in der Landwirthschaft entzogen, um in der Industrie und dem Handel beschäftigt werden, während ihr Unterhalt auf der Arbeit der landarbeitenden Bevölke- rung beruht.

* * *

Im Mittelalter war jede Stadt eine ökonomische Einheit, weil sich in ihrem Bereiche alle Berufsarten vertreten fanden, die zur Befriedigung der Bedürfnisse der Einwohner nöthig waren. Die kapitalistische Produktion beginnt damit, diese ökonomische Einheit zu zerstören. Sie zersetzt die geschlossenen Verbände der Hand- werker, isolirt die verschiedenen Berufe und läßt sie sich in speziellen Zentren ansiedeln. Eine Stadt oder eine Provinz haben nicht mehr nöthig, alle Gegenstände, deren ihre Bewohner bedürfen, selbst zu produziren. Sie verlassen sich für die Fabrikation gewisser Waaren auf andere Städte und beschränken sich darauf, eine oder mehrere spezielle Waaren zu produziren. Die Seidenindustrie, die man Ende des vorigen Jahrhunderts über ganz Frankreich zu verbreiten suchte, hat sich fast ausschließlich in Lyon und Umgebung zentralifirt.[1]) Ebenso haben sich die Wollen-, die Baumwollen- und Leinen-Industrie in gewissen Gegenden zentralisirt, während die Eiseninduſtrie, der Getreidebau, die Kultur der Runkelrübe, die Zuckerinduſtrie in andern Gegenden heimiſch ſind.

Die ehemaligen örtlichen oder provinziellen Wirthſchaftseinheiten ſind zerſtört worden und an ihrer Stelle haben ſich Wirthſchaftseinheiten anderer Art herausgebildet. Die alten Einheiten waren zuſammengeſetzt, ſie wurden gebildet durch die Anſammlung aller Induſtrien in dem Bereich einer Stadt oder Provinz, deren Produkte die Bewohner derſelben bedurften; aber die neuen Einheiten ſind einfach, umfaſſen nur eine einzige Induſtrie. Hier die Baumwolle, dort das Eiſen, den Zucker, das Leder u. ſ. w. Ein kapitaliſtiſches Land, wie Frankreich, theilt ſich nicht mehr nach der geographiſchen Lage oder den hiſtoriſchen Ueberlieferungen in Provinzen und Stände, ſondern in einfache Wirthſchaftseinheiten: in Baumwoll-, Wollen- und Weinbaudiſtrikte, in Getreide- oder Rübengegenden, in Kohlen- und Metallzentren u. ſ. w. Alle dieſe induſtriellen Einheiten ſind unter ſich durch die gegenſeitigen Bedürfniſſe verbunden, keines kann nur einen Monat, ja auch nur eine Woche, wie z. B. die Städte des Mittelalters, ohne die anderen Induſtriezentren leben. Wenn z. B. die Stadt Rouen beſtimmte Baumwollengewebe für ganz Frankreich herſtellt, ſo bezieht ſie dagegen ihr Getreide aus der Beauce, ihr Schlachtvieh aus dem Norden, ihre Kohlen aus dem Loirebecken, ihre Oele aus Marſeille ꝛc. ꝛc.[2]) Ein kapitaliſtiſches Land iſt eine gigantiſche Werkſtätte. Jede Spezialität der geſellſchaftlichen Produktion wird in ſpeziellen Zentren verfertigt, die örtlich oft weit getrennt, aber durch die gegenſeitigen Beziehungen alle eng miteinander verbunden ſind. Die politiſche Autonomie der Städte und Provinzen des Mittelalters iſt überlebt. Die gemeinſamen ökonomiſchen Bedürfniſſe bilden die Grundlage der politiſchen Einheit der Nation.

Die kapitaliſtiſche Produktion, die die lokale und provinzielle Einheit der Epoche der handwerksmäßigen Produktion zerſtört hat, iſt auf dem Wege, ihr eigenes Werk, die nationale Einheit, ebenfalls zu zerſtören, zu Gunſten einer noch umfaſſenderen, der internationalen Einheit.

---

[1]) Die gleichen Verſuche in Preußen haben genau dasſelbe Schickſal gehabt. D. Ueberſ.

[2]) In gleicher Weiſe bezieht jede deutſche Induſtrie-Stadt oder Gegend, die eine beſtimmte Spezialität vertritt, Landwirthſchafts- oder Induſtrieprodukte von allen Himmelsrichtungen her. Die Thatſache iſt ſo allgemein, daß ſie für den deutſchen Leſer keiner beſonderen Illuſtration bedarf. Es giebt kein Landſtädtchen, kein Dorf mehr, das — auch vom Rohmaterial abgeſehen — ſeinen Bedarf ſelbſt produzirt. D. Ueberſ.

England, das erste Land, das die Maschinentechnik einführte, gedachte, alle übrigen Nationen nur die Rolle von Ackerbauvölkern spielen zu lassen, die Industrie aber sich selber vorzubehalten. Die Grafschaft Lancashire sollte alle Baumwolle Amerikas und Indiens verspinnen und verweben. Dieser verfrühte Versuch eines internationalen Industriemonopols sollte fehlschlagen. Amerika fabrizirt heute Baumwolle über seinen Bedarf, und Indien, dessen Baumwollindustrie durch England ruinirt worden war, hat sich an die mechanische Spinnerei und Weberei gemacht. Vor 16 Jahren belief sich der Baumwollenverbrauch der Fabrikation in Indien auf 338 000 Ballen, 1885 betrug er dagegen 585 000 Ballen und die Zahl der Spindeln 1 700 000.[1])

Indien war die Wiege der Baumwolleninindustrie. Die Kattune kamen ursprünglich aus Calicut (daher sie auch heut noch vielfach Calicots heißen), und die Mousseline wurden nur über Mosul nach Europa gebracht. In einer mehr oder weniger nahen Zukunft werden die in nächster Nähe der Baumwollpflanzungen hergestellten indischen Baumwollstoffe von Neuem die europäischen Märkte überschwemmen und ihrerseits die Industrie von Manchester und der übrigen Baumwollzentren Europas ruiniren. Nicht Manchester, Rouen, Chemnitz rc. werden die Baumwollstoffe mehr liefern, sondern Indien und die Vereinigten Staaten. Ein industrieller Yankee, der das Schicksal der Fabrikanten von Lancashire voraussah, rieth ihnen mitleidig, sie sollten ihre Maschinen nach Louisiana transportiren und die Baumwolle an Ort und Stelle, ohne Transportaufschlag, verarbeiten.[2]) Wir sind Zeugen einer internationalen Verschiebung einer Industrie. Die Fabriken ziehen sich nach den Ackerbaudistrikten, die ihren Rohstoff hervorbringen. Aber noch ehe sie Industriezentren wurden, haben die Vereinigten Staaten und Indien Europa von sich abhängig gesehen. Der Sezessionskrieg der Vereinigten Staaten, der von 1861 bis 1865 die Baumwollenproduktion in den Sklavenstaaten aufhob, warf die Baumwollarbeiter Europas aufs Pflaster, trieb in Egypten die Kultur der Baumwolle, der „Goldpflanze", auf die höchste Spitze, ruinirte

---

[1]) Thomas Ellison. The Cotton Trade of Great Britain 1886.

[2]) Gerade in diesem Augenblick kommen mir wieder einige Zahlen über das rapide Wachsthum der Baumwollindustrie in den amerikanischen Südstaaten zu Gesicht. Danach sind von 1880 bis 1889 gestiegen:

Die Zahl der Baumwollfabriken von 161 auf 355.
„   „   „ Webstühle   „ 14 323 „ 45 001.
„   „   „ Spindeln   „ 667 854 „ 2 035 268.

In Prozenten ausgedrückt: die Fabriken um etwas über 100 Prozent, Spindeln und Webstühle um je 300 Prozent. Die Fabriken werden immer großartiger angelegt!   D. Uebers.

die Fellahs und lieferte die egyptischen Finanzen den Rothschilds
und den Bankiers des kosmopolitischen Finanz in die Hände.

Die Kornproduktion ist gleichfalls auf dem Wege, sich in bestimmten Distrikten der Erdkugel zu zentralisiren. England, das
im 17. Jahrhundert genügend Getreide produzirte, um seinen Verbrauch zu decken und noch einen Ueberschuß auszuführen, bezieht
heute die Hälfte des Getreides, das er verzehrt, aus Amerika,
Australien und Indien. Die europäischen Nationen hängen heute
eine von der andern, sowie von den halbzivilisirten Ländern ab.
Diese sich stetig mehrenden internatianalen, ökonomischen Beziehungen werden in der Zukunft der politischen Einheit des
Menschengeschlechts als Grundlage dienen, einer Einheit, die sich
auf den Ruinen der heutigen nationalen Einheiten aufbauen wird.

*

Die kapitalistische Produktion hat nur dadurch die örtlichen
und provinziellen politischen Einheiten auflösen und den Fortschritt
zu nationalen politischen Einheiten bewirken können, daß sie industrielle Organismen ins Leben rief, die auf der lokalen Zentralisation der Produktion und der Zersetzung des Produktionsprozesses
beruhten. So hat sie, während der Manufakturbetrieb Arbeiter
und Produktionsmittel in seinen Werkstätten anhäufte, die Arbeitstheilung in dieselben hineingetragen, die das Werkzeug zersetzte, und
dasselbe wie den Arbeiter zur Ausführung einer bestimmten Spezial-
arbeit verurtheilt. Die Arbeitswerkzeuge des Handwerks waren
einfach und der Zahl nach gering, die des Manufakturbetriebes zusammengesetzt und zahlreich. In dem Maße, als der Arbeiter ein
nur für eine einzige Verrichtung bestimmter Theilarbeiter wurde,
machte auch das Arbeitswerkzeug eine gleiche Entwicklung durch, es
wurde Theilwerkzeug. In gewissen Manufakturen gab es eine erhebliche Anzahl von Hammern, die sich sowohl nach Form wie
Gewicht von einander unterschieden; jeder Hammer war ausdrück-
lich für eine besondere Verrichtung bestimmt. Die große Maschinenindustrie hat die Wirkung der Manufaktur wieder aufgehoben, sie
hat die Werkzeuge den Händen des Theilarbeiters entrissen und sie
einem aus Guß und Stahl verfertigten Apparat angefügt, der sozusagen das Skelett der Werkzeugmaschine ist, während die einge-
fügten Werkzeuge nur die Organe desselben sind. Die Werkzeugmaschine ist eine mechanische Wiederzusammenfügung (Synthese).

Aber die kapitalistische Produktion hat noch eine andere Synthese verrichtet.

In der alten Hausindustrie haben wir eine ökonomische Einheit. Dieselbe Familie verarbeitet die Rohstoffe, die sie produzirt
hat (Wolle, Leinen, Holz 2c.) weiter. Diese Einheit wurde zersetzt.
Schon in den ursprünglichen Gemeinschaften sieht man gewisse Industrien bestimmten Personen zufallen, die Wagenbauer, Weber,

Schneider, Schuhverfertiger von Beruf sind; um eine ökonomische
Einheit vor sich zu haben, muß man sich nicht mehr an eine isolirte
Familie, sondern an das ganze Dorf oder die ganze Burg halten.
Mit der Entwicklung des Handels und der Vervollkommnung der
Industrie vermehren sich diese individualisirten Berufe und werden
Spezialberufe bestimmter Handwerker, die sich in Korporationen
gruppiren.

Auf einer gewissen Stufe dieser Individualisirung der Berufe
im Innern der Stadtgemeinde tritt die kapitalistische Produktion
zuerst auf. Sie beginnt damit, Weberei-, Färberei-, Stellmacherei-,
Schreinerei- 2c. Werkstätten zu errichten, in deren Innern später
die Arbeitstheilung und die Maschine ihre Revolution vollzogen.
Auch diese Manufakturen, die sich schließlich in großartige Fabriken
umwandelten, beschäftigten sich wie die kleine Werkstatt des Hand-
werkers nur mit einer bestimmten Industrieverrichtung oder der
Herstellung einer bestimmten Waare und ihrer Unterarten. In den
Spinnereien wurde nur gesponnen, in den Webereien nur gewebt.
Aber diese spezialisirten Fabriken sind nicht mehr isolirt, sondern
verbinden sich derart nebeneinander, daß eine Anzahl von ihnen
Theile eines Fabrikunternehmens werden. Kämmereien, Färbereien,
Stoffdruckereien schließen sich an eine mechanische Spinnerei und
Weberei an, so daß der Rohstoff seine verschiedenen industriellen
Umgestaltungen unter einer und derselben kapitalistischen Leitung
durchmacht. Und nicht nur einander ergänzende Industrien häufen
sich in dieser Weise in eine Hand, sondern auch absolut verschiedene
Industrien. Auch ist diese industrielle Zentralisation nicht noth-
wendigerweise an ein und denselben Ort gebunden; oft sind verschiedene Fabriken an verschiedenen, weit von einander entfernten
Orten gelegen, aber durch eine und dieselbe Verwaltung miteinander
verbunden.

Die nationalen Banken, wie die Bank von England und die
Bank von Frankreich, sind Typen solcher zusammengesetzten industriellen Organismen, die ihre Glieder auf allen Punkten des
Landes niedersetzen. Eine Nationalbank besitzt Papierfabriken zur
Anfertigung des Papieres für ihre Noten, Graveurwerkstätten und
Pressen für ihren Druck, photographische Apparate zur Ermittelung
der gefälschten Banknoten 2c., sie errichtet hunderte von Zweig-
niederlassungen in den Zentren der Industrie und des Handels,
und knüpft Verbindungen mit den Bankiers in den Städten und
auf dem Lande, sowie mit den fremden Nationalbanken an. Die
Zentralbank wird die Herzkammer des Finanzsystems des Landes,
und dieses System ist so gut organisirt, daß die Pulsschläge der
Nationalbank, das heißt das Steigen und Fallen ihres Zinsfußes,
bis in die entlegentsten Dörfer und Flecken gefühlt werden und
selbst auf den Geldmarkt der anderen Nationen zurückwirken.

5*

Die Zeitung „The Times" ist ein anderes schlagendes Beispiel dieser industriellen Organismen. Sie besitzt eine Legion von über die ganze Erde verstreuten Korrespondenten. Sie ist durch Telegraphendrähte mit den wichtigsten Städten des europäischen Festlands verbunden. Sie fabrizirt ihr Papier, gießt ihre Lettern, beschäftigt einen Stab von Maschinenbauern, die ihre Maschinen zu überwachen und in ihrer eigenen Fabrik auszubessern haben, sie setzt, stereotypirt und druckt ihre 16 Seiten großen Formats. Sie besitzt Pferde und kleine Wagen, ihr Blatt an die Wiederverkäufer auszusenden. Es fehlen ihr nur noch Alfa-Felder in Afrika, um auch den Rohstoff für ihr Papier selbst einzuernten; wahrscheinlich wird sie sich auch schließlich welche anschaffen. Eines Tages werden die Fabrikanten, die indische und amerikanische Baumwolle verarbeiten, ihren Fabriken Baumwollpflanzungen, sowie Werkstätten anfügen, in denen Kattune zu Kleidungsstücken verarbeitet werden; schon jetzt besitzen Fabrikanten schottischer Wollstoffe in London Geschäfte, in denen sie ihre Fabrikate in der Form von Kleidungsstücken veräußern. Die kapitalistische Industrie zieht allmählich auf die Wiederherstellung der ökonomischen Einheit der Hausproduktion hin. Damals produzirte dieselbe Bauernfamilie den Rohstoff und verarbeitete ihn weiter, demnächst wird ein und dieselbe kapitalistische Verwaltung die Produktion des Rohstoffes, seine industrielle Verarbeitung und den Verkauf an die Konsumenten in die Hand nehmen.

Die kapitalistische Produktion hat mit der Arbeitstheilung zuerst die Einheit der Arbeit, wie sie der Handwerker vertrat, zerstört, dann aber eine neue Arbeitseinheit herausgebildet. Diese neue Einheit vertritt nicht der Arbeiter aus Fleisch und Blut, sondern der eiserne Arbeiter, die Maschine. Sie treibt dahin, riesenhafte Produktionsorganismen ins Leben zu rufen, die aus den verschiedensten und verschiedenartigsten Industrien zusammengesetzt sind. Die Einzelindustrien, die sozusagen die Organe dieser Arbeitskolosse sind, können sich in größter Entfernung von einander befinden und durch politische Grenzen und geographische Hindernisse (Flüsse, Berge, Ozeane) getrennt sein. Diese internationalen Arbeitsungeheuer konsumiren sowohl Wärme, Licht, Elektrizität und andere Naturkräfte, wie die geistigen und Muskelkräfte des Menschen.

Dies der ökonomische Gießofen, in den die menschliche Materie im neunzehnten Jahrhundert geworfen wird.

* * *

Gleichzeitig mit der Vergrößerung der Manufaktur und der Fabriken, gestaltet sich auch das Eigenthum in der Form von Gold und Silber um. Diese beiden Metalle waren selbst in gemünzter

Form ursprünglich Eigenthum wesentlich individuellen Charakters. Ihr Eigenthümer versteckte sie in Geheimkästen ꝛc. und bediente sich ihrer oft nur als Schmuckgegenstände, wozu sie im Orient und in Indien noch heute vorzugsweise gebraucht werden. Nur selten traten sie beim Austausch der Produkte in Funktion, vielmehr wurden diese direkt gegeneinander verhandelt. In der Feudalzeit konnten die Könige falsches Geld machen, Titel und Gewicht des Geldes ändern, ohne den Geschäftsverkehr ihrer Völker erheblich zu beeinträchtigen. Mit der Epoche des Handels und der Waaren= produktion jedoch wurden Gold und Silber Vertreter des Werthes, der Werthmaßstab für alle Waaren, und mit ihr erwarben sie das Recht, legitime Kinder zu erzeugen, von Rechts wegen Zins zu tragen. Vorher hatte das Verleihen auf Zins als eine unehrenhafte Handlung gegolten, die man nur gegen den Fremden ausüben dürfe, der, nach dem widerlichen Gott der Juden, der Feind ist. Päpste und Konzilien hatten es verdammt. Die Leute, welche sich mit ihnen befaßten, wurden gehaßt und verachtet, Gefahren aller Art bedrohten sie, sie riskirten ihr Geld und oft ihr Leben. Die Juden des Mittelalters, die das Anhäufen von Gold und Silber berufsmäßig betrieben, wußten, welchen Gefahren sie ihr Gold aus= setzten, und verließen sich nicht auf das Wort der Könige und Abligen, sondern bewilligten nur gegen Hinterlegung kostbarer Steine und anderer ebenso kostbarer Garantien Geldvorschüsse.

Die Bourgeoisie hat das Ausleihen auf Zins rehabilitirt und das Geschäft des Verleihens auf Zins zur einträglichsten und ehren= haftesten Funktion des zivilisirten Menschen gemacht. Während Calvin, der anerkannteste Vertreter des religiösen Ausdrucks der ökonomischen Revolution des Bürgerthums im 16. Jahrhundert, das Verleihen auf Zins im Namen aller theologischen Tugenden rechtfertigte, legte der Kanzler Duprat in Frankreich die Grund= lage zur öffentlichen (Staats=) Schuld, indem er im Jahre 1522 un= kündbare Staatsrenten schuf, die acht Prozent trugen und „Rentes de l'Hôtel de Ville" hießen, weil sie im Amtsgebäude der Pariser Bourgeoisie ausbezahlt wurden. Die öffentliche Schuld wurde die Sparkasse der Bourgeoisie, der Ort, wo sie das Geld hinter= legte, das sie in ihren Geschäften nicht verwenden konnte. Vor 1789 reduzirten die Könige von Frankreich, denen die feudalistischen Ideen vom Zins noch im Kopf steckten, in Zeiten der Verlegenheit die Renten um ein Viertel oder die Hälfte, und hoben manchmal die Auszahlung derselben zeitweise ganz auf. Auch die übrigen Souveräne Europas verfuhren gegenüber den Staatsrentenbesitzern mit gleicher Ungenirtheit. Diese aristokratische Art, die Gläubiger zu bezahlen, war einer der schwersten Vorwürfe der Bourgeoisie gegen das feudale Regierungssystem, und einer der ersten Akte der Bourgoisie des Jahres 1789 war es denn auch, die Staatsschuld für unantastbar zu erklären und sie über alle politischen Revolutionen und alle Regierungswechsel, die sich in der Zukunft vollziehen könnten, sicher zu stellen. Jetzt war die öffentliche Schuld fest begründet.

„Die öffentliche Schuld", schreibt Marx, „wird einer der energischsten Hebel der ursprünglichen Akkumulation. Wie mit dem Schlag der Wünschelruthe begabt sie das unproduktive Geld mit Zeugungskraft und verwandelt es so in Kapital, ohne daß es dazu nöthig hätte, sich der von industrieller und selbst wucherischer Anlage unzertrennlichen Mühwaltung und Gefahr auszusetzen. Die Staatsgläubiger geben in Wirklichkeit nichts, denn die geliehene Summe wird in öffentliche leicht übertragbare Schuldscheine verwandelt, die in ihren Händen fortfungiren ganz als wären sie ebenso viel Baargeld." („Das Kapital", Bd. I, 3. Aufl., S. 781.)

Die Ausbildung des öffentlichen Kreditsystems bot nicht nur eine dem Industriekapital bis dahin unbekannte Sicherheit, sondern steigerte auch den Einfluß der Geldleute, an die sich die Regierungen wenden mußten, um sich Geld zu verschaffen. Was die Könige des alten Regimes übrigens nicht hinderte, sie gleich den Juden im Mittelalter zu behandeln, sie vor die Gerichtshöfe zu ziehen, ihnen ihr Geld abzunehmen und sie aufknüpfen zu lassen. Aber ungefähr ein Jahrhundert vor der großen Revolution war ihr Einfluß in der Gesellschaft so bedeutend, das der höchste Adel sich überbot, den Emporkömmlingen der Finanz seine Töchter anzubieten, nur um ihre Millionen theilen zu dürfen. Ein Ausspruch der Herzogin von Orleans, der Mutter des Regenten, kennzeichnet diese Erniedrigung treffend. Als sie eines Tages eine Herzogin in den Salons von Versailles dem Spekulanten Law die Hand küssen sah, rief sie aus: Wenn die Herzoginnen ihm öffentlich die Hand küssen, was mögen sie ihm küssen, wenn sie mit ihm allein sind!" (Heutzutage kann Adonis Bleichröder darüber Auskunft geben.)

Die gesellschaftliche Machtposition, welche die Finanz erlangt hat und die noch fortwährend wächst, ist heut eine ökonomische Nothwendigkeit, wo die großen Handels-, Industrie- und landwirthschaftlichen Unternehmungen (Banken, Eisenbahnen, Kanäle 2c.) nicht mehr durch individuelle, sondern nur durch vereinigte Kapitalien mit Erfolg betrieben werden können. Die Finanzleute haben die Mission, die Kapitalien anzuhäufen und sie alsdann nach den Bedürfnissen des Handels und der Industrie zu vertheilen. Mit Großindustrie und Maschinenbetrieb machen die Größe des in den Arbeitswerkzeugen angelegten, sowie des umlaufenden Kapitals die schnelle und massenhafte Fabrikation, die entfernten Märkte, der langsame Absatz der Waaren, die Schwierigkeit, das Geld für dieselbe einzuziehen, die Finanz zur Herzkammer des Wirthschaftssystems.

Aber die Finanz, die Maschinenindustrie und die moderne
Kultur konnten nur Boden fassen und sich entwickeln, indem sie
den wesentlichen Charakter des Eigenthums änderten, es aus per=
sönlichem Eigenthum unpersönliches werden ließen, bis es schließ=
lich wieder Gemeineigenthum wird, wie in den Urzeiten. In dem
System des kleinen Grundbesitzes und der Kleinindustrie war das
Eigenthum Zubehör des Eigenthümers, wie das Werkzeug ein Zu=
behör des Handwerkers war. Das Gedeihen eines Unternehmens
hing von den persönlichen Eigenschaften seines Besitzers ab, seiner
Sparsamkeit, seiner Rührigkeit, seiner Intelligenz, wie die Voll=
kommenheit eines Arbeitsstücks von der Geschicklichkeit des betreffen=
den Handwerkers abhängt. Der Eigenthümer konnte nicht altern,
krank werden oder den Ort verlassen, ohne daß das Industrie=
unternehmen, dessen lebendige Seele er war, darunter litt. Er er=
füllte eine gesellschaftliche Funktion, die ihre Mühen und ihren
Verdruß, ihren Nutzen und ihren Lohn hatte. Das Eigenthum
war damals wahrhaft persönlich; so sagte denn auch das Sprüch=
wort: „Das Eigenthum ist die Frucht der Arbeit."

Aber die moderne Produktion hat die Dinge umgekehrt: der
Kapitalist ist nur noch ein Zubehör seines Eigenthums, dessen Ge=
deihen nicht mehr von seiner persönlichen Thätigkeit abhängt.
Das „Auge des Herrn" spielt keine Rolle mehr. Die großen land=
wirthschaftlichen und industriellen Finanzunternehmungen werden
von mehr oder weniger gut organisirten und bezahlten Verwalt=
tungen geleitet. Die soziale Funktion des Eigenthümers beschränkt
sich darauf, die Erträge einzustreichen und zu verschleudern. Es ist
dem kapitalistischen Eigenthümer keine Funktion in der technischen
Organisation der Produzenten vorbehalten; alle werden gegen Lohn
verrichtet. Der Eigenthümer, der früher eine nützliche Rolle ge=
spielt hat, wird überflüssig und selbst schädlich. [1])

[1]) „In einem in Form einer Gesellschaft errichteten Unter=
nehmen darf das leitende Personal nur einen minimen Theil des
Kapitals besitzen; streng genommen, sollte es überhaupt keinen be=
sitzen, und, entgegen der allgemeinen Ansicht, wäre dies Verhältniß
das Beste vom Standpunkt der zweckmäßigen Leitung der Ge=
schäfte der Gesellschaft: ein leitendes Personal aus Nichtaktionären,
das nicht das Recht hat, sich selbst zu kontrolliren. Es genügt für
dasselbe, wenn es die für seine Funktionen erforderlichen Fähig=
keiten, Kenntnisse und Moral besitzt, alles Eigenschaften, die man
leichter und billiger getrennt vom Kapital als mit demselben ver=
bunden antrifft." G. de Molinari, L'évolution économique du
XIX. siècle. 1880, p. 38.

Die Oekonomen, die nur zu gut bezahlte Lobredner der bürger=
lichen Gesellschaft sind, haben den Antheil, den das Kapital in der
Form von Zins, Grundrente und Profit vom Produktionsertrag
einsteckt, damit zu vertheidigen gesucht, daß sie behaupteten, der

Wenn die Maschinenproduktion den Handwerker seiner technischen Geschicklichkeit entäußert und aus dem Proletarier einen Handlanger der Maschine gemacht hat, so hat die kapitalistische Organisation der Industrie den Kapitalisten zur Rolle des Schmarotzers herabgedrückt Diese Parasitenrolle wird durch die Errichtung von Aktiengesellschaften anerkannt und proklamirt, deren Aktien und Obligationen, d. h. ihre Eigenthumstitel, ohne irgend welche Rückwirkung auf die Produktion von Hand zu Hand gehen und an der Börse an ein und demselben Tage wiederholt die Besitzer wechseln. Die Rothschilds und die anderen Geldfürsten nehmen es auf sich, den Kapitalisten ihre Ueberflüssigkeit praktisch vorzubemonstrieren, indem sie ihnen durch Koups an der Börse und anderen Finanz-Taschenspielerstückchen ihre Aktien und Obligationen abjagen und die Erträge der großen Produktionsorganismen in ihren Geldschränken konzentriren.

Zur Zeit als der Feudalbaron inmitten seiner Lehnsmannen auf seinem befestigten Schlosse wohnte, in Friedenszeiten ihr Richter war und in Zeiten feindlicher Einfälle den Harnisch umschnallte und sich an die Spitze seiner Bewaffneten stellte, um sie zu vertheidigen, war der Feudaladel eine wesentlich nützliche Klasse, deren Unterdrückung unmöglich gewesen wäre. Als aber auf dem Lande eine relative Ruhe zu herrschen anfing, und die Flecken und Städte, „befestigte Plätze geworden", ihre Vertheidigung selbst übernommen hatten, verlor der Adel seinen Nutzen; er verließ seine Schlösser und zog an die herzoglichen, bischöflichen, königlichen und kaiserlichen Höfe. Dort wurde er schließlich eine der Nation fremde und an ihrem Leib schmarotzende Körperschaft. Von diesem Augenblick an war sein Todesurtheil gesprochen. Wenn die Abligen nicht bei allen europäischen Nationen so brutal niedergemacht wurden, wie während der französischen Revolution von 1789, so haben sie doch überall ihre feudalen Privilegien eingebüßt und in den Reihen der Bourgeois Unterkunft gesucht, von denen sie sich nur durch die Lächerlichkeit ihrer aristokratischen Prätensionen unterscheiden. In den kapitalistischen Nationen ist der Adel als herrschende Klasse verschwunden. Dasselbe Schicksal ist der Kapitalistenklasse vor

Kapitalist leiste durch seine Enthaltsamkeit, seine Eigenschaft als Geschäftsleiter rc. der Gesellschaft besondere Dienste. Wenn Adam Smith in den ersten Tagen der kapitalistischen Produktion diesen schiefen Satz mit einem Anschein von Berechtigung aufstellen konnte, so sollten die Roscher, die Leroy-Beaulieu und seine sonstigen Nachbeter, wenn sie noch weiter von der Bourgeoisie dafür bezahlt werden wollen, daß sie ihre interessirten Irrthümer verschleißen, sich ein wenig den Kopf zerbrechen, um etwas auszufinden, das weniger lächerlich ist, als die Nützlichkeit des Kapitalisten in der moderneren Groß-Industrie.

behalten. Mit dem Tage, da der Kapitalist in der gesellschaftlichen Produktion unnütz wurde, war das Todesurtheil seiner
Klasse unterzeichnet; es bleibt nur noch übrig, den durch die ökonomischen Thatsachen bewirkten Richterspruch auszuführen, und die
Kapitalisten, die den Ruin ihrer Klasse überleben werden, werden
nicht einmal das groteske Privilegium der Abligen haben, sich mit
ihren sechsundbreißig Ahnen über die verfallene Größe ihrer Klasse
zu trösten.

Die Maschine hat den Handwerker tobtgeschlagen, sie wird
auch die Kapitalisten tobtschlagen.

*　　*　　*

Die Zivilisation, die den einfachen und rohen Kommunismus
der Kindheit des Menschengeschlechts zerstört hat, arbeitet nunmehr
die Elemente eines zusammengesetzten und wissenschaftlichen Kommunismus aus. Wie in den Urzeiten ist die Arbeit gemeinsam und
der Produzent hat weder sein Arbeitsinstrument, noch die Produkte
seiner Arbeit zu eigen. Die Produkte werden noch nicht, wie dies
bei den Wilden und Barbaren geschah, gemeinschaftlich vertheilt,
sie sind das Monopol müßiger Kapitalisten, deren Unterdrückung
jedoch nur noch eine Frage der Zeit und der Gelegenheit ist. Mit
dem Verschwinden der Parasiten des Eigenthums wird der kommunistische Charakter desselben zu Tage treten und die Gesellschaft
zur Anerkennung zwingen. Seinerzeit war das Eigenthum nur
unter den Mitgliedern eines und desselben Stammes, die durch
Blutverwandschaft verbunden waren, gemeinsam gewesen, jedes
menschliche Wesen, das nicht in den engen Kreis dieser Verwandtschaft einbegriffen war, war der Fremdling, der Feind. Aber in
der zukünftigen Gesellschaft wird das Eigenthum für alle Glieder
der großen menschlichen Familie, ohne Unterschied der Nationalität,
Rasse und Farbe, gemeinsam sein, denn unter dem Joch des Kapi-
talismus hat sich ihnen die Erkenntniß aufgedrängt, daß wie sie
Brüder in der Ausbeutungssklaverei und im Kampf gegen dieselbe
sind, sie auch im Sieg Brüder bleiben müssen.

Dieses kommunistische und internationale Ende des Eigenthums
ist eine geschichtliche Nothwendigkeit; schon im Laufe der Bourgeois-
Zivilisation treten die kommunistischen Einrichtungen und primitiven
Sitten der Urzeiten aufs Neue zum Vorschein.

Das allgemeine Stimmrecht, dieser bei den Wilden und Barbaren übliche Modus der Wahl ihrer Kriegsführer und ihrer
„Sachems", wird nach langer Unterdrückung von den Bourgeois-
regierungen wieder eingeführt und zur alleinigen Grundlage der
politischen Macht erklärt.

In den Urzeiten waren die Wohnungen gemeinsam, wurden
die Mahlzeiten gemeinsam eingenommen und die Kinder gemeinsam

auferzogen. In den heutigen Gemeindeschulen werden die Kinder gemeinsam und unentgeltlich erzogen, in einigen Städten beginnt man auch schon ihnen eine unentgeltliche Mahlzeit zu geben. In den Restaurationen werden die zivilisirten Menschen gemeinsam vergiftet und betrogen, und in den sechs- bis siebenstöckigen Häusern der Großstädte wie Kaninchen gemeinsam einquartirt.

Wenn das allgemeine Stimmrecht heute Spiegelfechterei ist, wenn die Häuser in den Städten ungesund sind, wenn die übrigen Einrichtungen, die kommunistische Formen angenommen, verkehrt sind, das heißt ihre Spitze gegen diejenigen wenden, die auf sie angewiesen sind, so deshalb, weil sie sich in der bürgerlichen Gesellschaft herausgebildet haben und nur zu dem Zweck eingeführt wurden, den Kapitalisten Vortheil zu bringen. Aber trotz ihrer Mängel sind sie von großer Bedeutung; sie machen den individualistischen Instinkten den Garaus, und erziehen die Menschen für die kommunistischen Sitten der Zukunft.

Die bürgerliche Gesellschaft birgt in ihrem Schooße den Kommunismus im latenten Zustand. Die soziale Revolution wird die bürgerliche Form zerbrechen und den Kommunismus als die einzig mögliche Form der zukünftigen Gesellschaft zur Durchführung bringen.

Druck von Max Babing, Berlin SW., Beuth-Straße 2.